KB262956

# easy Korean
## for foreigners

## WORKBOOK5A

Easy Korean Academy 지음

한글파크

〈Easy Korean Academy 교재 출판부〉

● 저자 ●

김명수
Easy Korean Academy 강사
김민정
Easy Korean Academy 강사

● 감수 ●

김현정
Easy Korean Academy 교육실장
김주희
Easy Korean Academy 출강팀 팀장

쉬워요 한국어 워크북
easy Korean workbook for foreigners 5A

| | |
|---|---|
| 초판발행 | 2016년 11월  1일 |
| 초판2쇄 | 2022년 11월 10일 |
| 저자 | Easy Korean Academy |
| 편집 | 권이준, 양승주, 김아영 |
| 펴낸이 | 엄태상 |
| 콘텐츠 제작 | 김선웅 |
| 마케팅본부 | 이승욱, 왕성석, 노원준, 조성민, 이선민 |
| 경영기획 | 조성근, 최성훈, 정다운, 김다미, 최수진, 오희연 |
| 물류 | 정종진, 윤덕현, 신승진, 구윤주 |
| 펴낸곳 | 한글파크 |
| 주소 | 서울시 종로구 자하문로 300 시사빌딩 |
| 주문 및 문의 | 1588-1582 |
| 팩스 | 0502-989-9592 |
| 홈페이지 | http://www.sisabooks.com |
| 이메일 | book_korean@sisadream.com |
| 등록일자 | 2000년 8월 17일 |
| 등록번호 | 제300-2014-90호 |

ISBN 978-89-5518-781-6  14710
     978-89-5518-412-9  (set)

# 머리말

‘easy Korean workbook 5A’는 ‘Easy Korean Academy’에서 개발한 ‘easy Korean’ 시리즈와 함께 사용할 수 있는 보조 교재입니다.

이 교재의 특징은 한국 생활 사정 전반을 이해할 수 있도록 한국의 문화를 반영하는 다양한 주제를 다루고 있고, 각 주제와 관련된 어휘 · 문법 · 표현 등을 다양하게 연습할 수 있다는 점입니다. 또한 연습에 대한 모범 답안이 수록되어 있어 자율 학습의 자료로서도 활용이 가능합니다.

이 교재는 ‘easy Korean’ 시리즈를 다년간 사용하면서 교사와 학습자들이 꼭 필요로 했던 내용만을 선별하여 담은 것으로 앞으로도 계속 수정, 보완해 나갈 예정입니다.

Easy Korean Academy는 질 높은 한국어 교육을 위하여 학습자와 교사 모두에게 유용하고 실용적인 한국어 학습 자료를 개발할 것을 약속드리며 마지막으로 교재 개발과 출판에 도움을 주신 모든 분들께 감사의 마음을 전합니다.

이지코리안 아카데미<br>
원장 이상표

# 일러두기

본 교재는 〈easy Korean 5A〉의 학습자용 연습 교재입니다. 학습 현장에서뿐만 아니라 학습자 혼자서 공부하는 데 좋은 길잡이가 되었으면 합니다.

각 과는 〈easy Korean 5A〉의 '단어, 대화, 문형 연습, 읽기, 듣기, 쓰기, Jump Page'의 연습문제로 구성되어 있습니다. 교재의 마지막에는 문제의 답을 확인할 수 있는 '모범 답안'이 실려 있습니다.

효율적인 교재 이용을 위해 각 과의 구성을 소개하면 다음과 같습니다.

## 단어

각 과의 새로 나온 단어와 문형, 표현을 한눈에 볼 수 있게 제시하여 학습자가 본격적인 학습에 들어가기 전에 본 교재에서 배운 어휘와 표현을 상기할 수 있도록 하였습니다.

## 대화

각 과의 대화 부분에서 제시된 새로 나온 표현, 단어를 효과적으로 학습할 수 있도록 다양한 방식으로 제시했습니다.

## 문형 연습

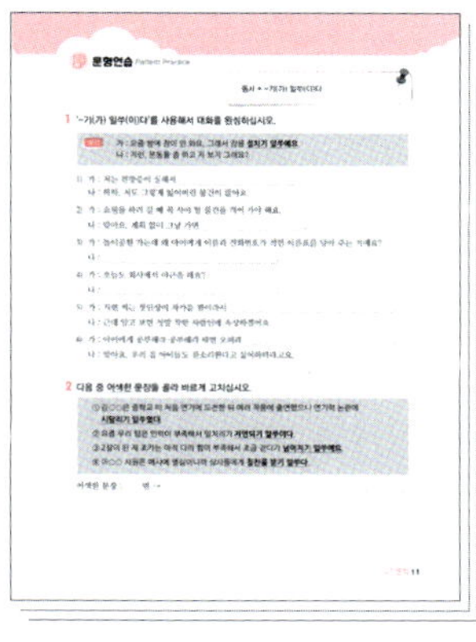

각 과의 목표 문법 세 가지를 연습하여 활용할 수 있게 했습니다. 기본적인 연습부터 학습자 자신의 상황이나 의견을 이야기할 수 있는 문제도 수록했습니다.

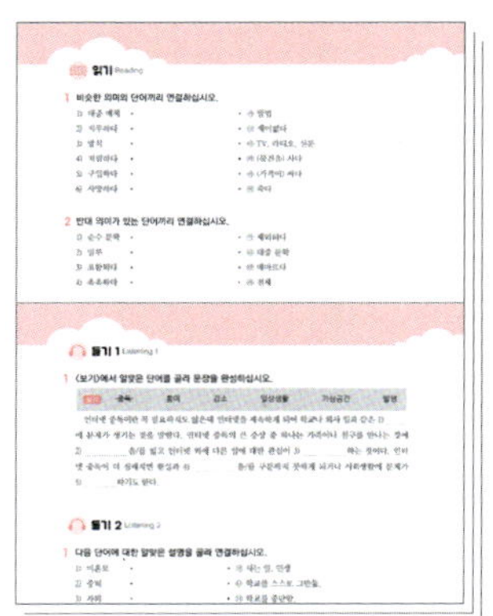

## 읽기/듣기

홀수 과에 있는 읽기와 짝수 과에 있는 듣기 부분에
서 제시된 새로 나온 표현, 단어를 다양한 방식으로
정리하고 활용할 수 있게 했습니다.

## 쓰기

각 과의 쓰기 중에서 새로운 표현이나 사회문화 관련
용어가 제시된 경우 학생들이 생소하게 느낄 수도
있다고 판단하여 연습 문제를 마련했습니다.

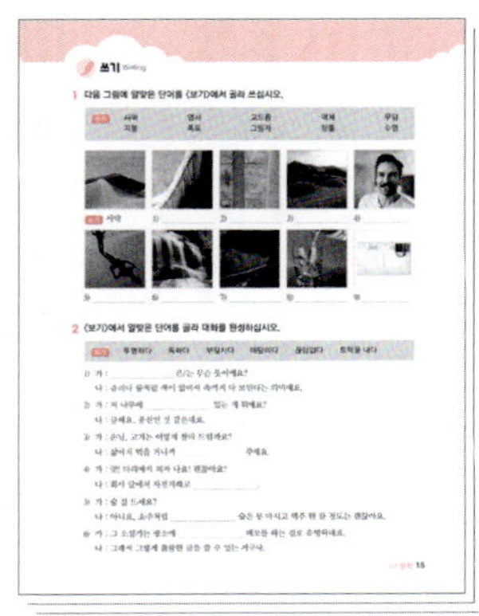

## 읽어 봅시다

각 과의 주제와 관련된 글을 읽은 후 내용을 확인하
고 의견을 써 보는 문제를 수록하였습니다. 각 과에
서 배운 필수 단어와 문법도 최대한 수록하여 해당
과의 효과적인 학습은 물론 읽기 실력의 향상도 꾀
했습니다.

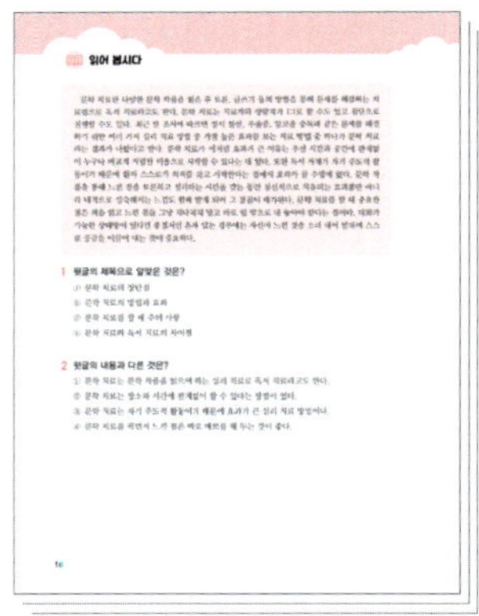

## 종합연습

각 과에서 배운 문형, 단어, 표현을 종합적으로 정리할 수
있는 문제를 수록하였고, '발음' 부분과 'Jump Page' 관련
문제를 추가하여 각 과의 내용에 대한 효과적인 복습은
물론 한국어 실력 향상에도 도움이 될 수 있도록 했습니다.

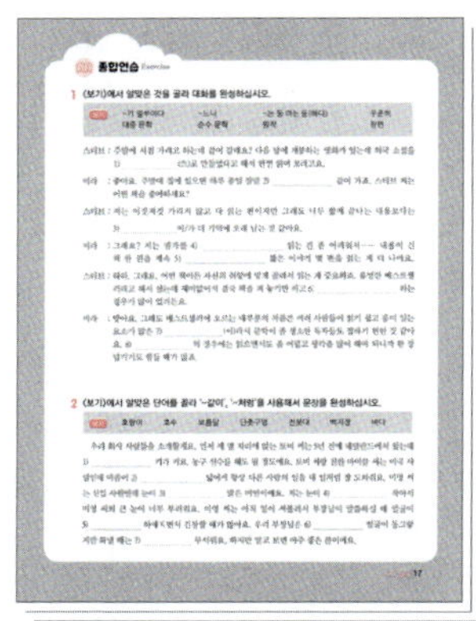

# 차례


머리말 3
일러두기 4

**UNIT 01** 문학 9

**UNIT 02** 인터넷과 생활 19

**UNIT 03** 한국의 축제 29

**UNIT 04** 건강 39

**UNIT 05** 봉사 51

**UNIT 06** 교통 61

**UNIT 07** 한글과 한국인의 사상 71

**UNIT 08** 대중문화 79

모범 답안 89

# easy Korean 5A   교재 구성표

〈easy Korean WORKBOOK 5A〉 학습을 위한 〈easy Korean 5A〉 교재 구성표입니다.

| 단원 | 문형연습 | 읽기 / 듣기 | 쓰기 | 발음 | Jump Page |
|---|---|---|---|---|---|
| Unit 01<br>문학 | · ~기(가) 일쑤(이)다<br>· ~느니<br>· ~는 둥 마는 둥<br>(하다) | 〈읽기〉<br>· 대중의 마음을<br>흔드는 순수 문학 | · 이외수의 감성<br>사전 | | · 같이, 처럼, 듯이<br>비유 표현 |
| Unit 02<br>인터넷과<br>생활 | · ~길래<br>· ~(으)ㄴ/는 셈이다<br>· ~(으)ㄹ 줄 몰랐다<br>(알았다) | 〈듣기〉<br>· 인터넷 중독<br>· 스티브 잡스와<br>디지털 노마드 | · 인터넷 중독,<br>네티켓 | · 자음동화 1<br>ㄱ+ㄴ, ㅁ | · 부사어 1 |
| Unit 03<br>한국의 축제 | · ~(으)ㄴ/는 걸 보<br>니까<br>· ~이/가 그만이다<br>· ~을 겸 | 〈읽기〉<br>· 한국의 축제 안<br>내문 | · 축제 안내문 쓰기 | | · 외래어 표기법 |
| Unit 04<br>건강 | · ~기는커녕<br>· ~더라도<br>· ~못지않다 | 〈듣기〉<br>· 건강 상식<br>· 스트레스와 건강 | · 연령대별 관심사<br>와 건강 | · 자음동화 2<br>ㅁ, ㅇ+ㄹ | · 신체 관용어 |
| Unit 05<br>봉사 | · 얼마나 ~(으)ㄴ/<br>는지 모르다<br>· ~고 보니까<br>· ~(으)ㄴ/는 김에 | 〈읽기〉<br>· 마더 테레사 | · 사회 봉사를<br>실천한 인물<br>조사하기 | | · 부사어 2 |
| Unit 06<br>교통 | · ~는 바람에<br>· ~(으)ㄹ 걸<br>· ~(으)ㄹ 지경이다 | 〈듣기〉<br>· 귀성길 정체<br>· 대중교통 꼴불견 | · 대중교통에 대한<br>설문조사 | · 자음동화 3<br>ㄷ+ㅁ, ㄴ | · 발음이 같거나<br>비슷해서 헷갈리<br>기 쉬운 단어 |
| Unit 07<br>한글과<br>한국인의<br>사상 | · ~(으)므로<br>· ~(으)ㄹ세라<br>· ~(으)리라는 | 〈읽기〉<br>· 한글과 성리학 | · 자신의 나라를<br>대표하는 것 | | · 없어진 한글<br>자모와 불규칙,<br>모음조화 |
| Unit 08<br>대중문화 | · ~더라고요<br>· ~(으)ㄴ/는 데다가<br>· ~았/었으면 하다 | 〈듣기〉<br>· 새로운 사극<br>· 패러디와 표절 | 표절에 대한<br>법적 대응 | · 자음동화 4<br>ㅂ+ㅁ, ㄴ | · 신조어 |

# UNIT 01 문학

 **단어** Vocabulary

## 도입
- 수필
- 서적
- 원작

## 대화
- 트위터
- SNS
- 은근히
- 감정
- 메마르다
- 치료
- 접하다

## 어휘
- 장편 소설
- 단편 소설
- 희곡
- 비평
- 작가
- 독자
- 출판사
- 베스트셀러
- 고전
- 줄거리
- 등장인물
- 주제
- 배경
- 호평
- 악평

## 읽기
- 순수 문학
- 대중 문학
- 매체
- 전자책
- 유통비
- 촉촉하다
- 적시다
- 만지작거리다
- 얼싸안다
- 기어이

## 쓰기
- 메아리
- 엽서
- 고드름
- 투명하다
- 창틀
- 비포장도로
- 캐비닛
- 토막(을) 내다

## Jump page
- 전봇대
- 보름달
- 단춧구멍
- 얼음장
- 백지장

### '~듯이'를 사용하는 비유 표현
- 가뭄에 콩 나듯이
- 게 눈 감추듯이
- 뛸 듯이
- 다람쥐 쳇바퀴 돌듯이
- 물 쓰듯이
- 미친 듯이
- 불 보듯이
- 비 오듯이
- 속삭이듯이
- 씻은 듯이
- 이 잡듯이
- 쥐 죽은 듯이
- 제 집 드나들듯이
- 판에 박은 듯이

## 문법
- ~기(가) 일쑤(이)다
- ~느니
- ~는 둥 마는 둥 (하다)

**1** 다음 그림과 관계있는 단어를 〈보기〉에서 찾아 쓰십시오.

| 보기 | SNS | 연예인 | 소설가 | 청소년 |
|---|---|---|---|---|

1) ___________  2) ___________  3) ___________  4) ___________

**2** 다음 설명과 예문에 알맞은 단어를 〈보기〉에서 골라 쓰십시오.

| 보기 | 접하다 | 자연스럽다 | 메마르다 | 은근히 |
|---|---|---|---|---|

1) ___________

의미 : ① 억지로 꾸미지 않아 이상하지 않다.　　　② 당연하다.
　　　③ 힘들지 않고 저절로 된 것 같다.
예 성형을 많이 한 사람을 보면 얼굴이 ___________ 않아요.
　아이들이 어른들의 행동을 흉내 내는 것은 ___________ 일이다.
　나는 바닷가에서 자라서 ___________ 수영을 배우게 되었다.

2) ___________

의미 : ① 겉으로 잘 보이지 않게 비밀스럽게
　　　② 겉으로 잘 보이지는 않지만 생각하는 정도가 깊게
예 그 남자가 말은 안 해도 널 ___________ 좋아하는 것 같아.
　회식이 12시를 넘어가니까 모두 ___________ 집에 가고 싶어 했다.

3) ___________

의미 : ① 땅 · 피부 · 공기 · 목소리 등이 건조하다.
　　　② 성격 · 생활에 감정이 부족하다.
예 할머니의 입술이 ___________ 창백해서 걱정이 되었다.
　요즘 학생들은 책을 안 읽어서 그런지 감정이 ___________.

4) ___________

의미 : ① 소식 · 명령을 듣거나 받다.　　　② 가까이 대하다.
예 처음 사고 소식을 ___________ 얼마나 놀랐는지 몰라요.
　한국 문화를 처음 ___________ 것은 대학교 때 만난 한국 친구를 통해서였어요.

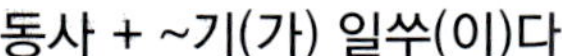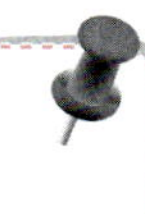


**1** '~기(가) 일쑤(이)다'를 사용해서 대화를 완성하십시오.

> **보기**　가 : 요즘 밤에 잠이 안 와요. 그래서 잠을 **설치기 일쑤예요**.
> 　　　　나 : 저런, 운동을 좀 하고 자 보지 그래요?

1) 가 : 저는 건망증이 심해서 ________________________.
　　나 : 하하, 저도 그렇게 잃어버린 물건이 많아요.

2) 가 : 쇼핑을 하러 갈 때 꼭 사야 할 물건을 적어 가야 해요.
　　나 : 맞아요. 계획 없이 그냥 가면 ____________________.

3) 가 : 놀이공원 가는데 왜 아이에게 이름과 전화번호가 적힌 이름표를 달아 주는 거예요?
　　나 : ____________________________.

4) 가 : 오늘도 회사에서 야근을 해요?
　　나 : ____________________________.

5) 가 : 지현 씨는 첫인상이 차가운 편이라서 ______________________.
　　나 : 근데 알고 보면 정말 착한 사람인데 속상하겠어요.

6) 가 : 아이에게 공부해라 공부해라 하면 오히려 ____________________.
　　나 : 맞아요. 우리 집 아이들도 잔소리한다고 싫어하더라고요.


**2** 다음 중 어색한 문장을 골라 바르게 고치십시오.

> ① 김○○은 중학교 때 처음 연기에 도전한 뒤 여러 작품에 출연했으나 연기력 논란에
> **시달리기 일쑤였다**.
> ② 요즘 우리 팀은 인력이 부족해서 일처리가 **지연되기 일쑤이다**.
> ③ 2살이 된 제 조카는 아직 다리 힘이 부족해서 조금 걷다가 **넘어지기 일쑤예요**.
> ④ 이○○ 사원은 매사에 열심이니까 상사들에게 **칭찬을 받기 일쑤다**.

어색한 문장 : ____ 번 → ____________________________

동사 + ~느니

**1** '~느니'를 사용해서 대화를 완성하세요.

> **보기**　가 : 업무는 늘었는데 월급은 오르지 않고, 일도 예전만큼 재미있지 않네요.
> 　　　　나 : 그래요? 그런 환경에서 계속 **일하느니** 회사를 옮기는 게 낫겠어요.

1) 가 : 요즘 집값이 많이 떨어졌다고 하던데 좀 무리해서라도 대출을 받아서 집을 살까?

　　나 : 아니야. 비싼 대출 이자를 내면서까지 집을 ＿＿＿＿＿＿＿ 전세로 좀 더 살자.

2) 가 : 이번엔 성적이 안 좋아서 장학금을 못 받겠는데…… 부모님께는 비밀로 해야겠어요.

　　나 : 부모님을 ＿＿＿＿＿＿＿ 잔소리를 좀 들어도 솔직히 말하는 게 마음 편하지 않을까요?

3) 가 : 그렇게 힘들어하지 말고 돈을 좀 빌려 보세요.

　　나 : ＿＿＿＿＿＿＿ 사업을 그만두겠어요.

4) 가 : 진수 씨랑 싸운 지 벌써 2주일이나 지났죠? 먼저 미안하다고 하세요.

　　나 : ＿＿＿＿＿＿＿＿＿＿＿＿＿＿＿.

5) 가 : 배가 고파 죽을 것 같아. 우리 남은 거라도 먹자.

　　나 : 싫어. ＿＿＿＿＿＿＿＿＿＿＿＿＿.

**2** 다음 중 어색한 문장을 골라 바르게 고치십시오.

> ① 휴가 때 **하와이로 가느니** 발리로 가는 게 나을까요? 두 곳 다 가 보고 싶었던 곳이라 고민되네요.
> ② **비싼 곳에서 외식을 하느니** 그 돈으로 집에서 만들어 먹는 게 낫겠다.
> ③ 입사지원서를 작성할 때 지원할 회사와 아무 관계도 없는 **경력을 많이 쓰느니** 아무것도 안 쓰는 게 차라리 낫다고 한다.
> ④ 가족과 떨어져 **지방 근무를 하느니** 직장을 그만두겠다.

어색한 문장 : ＿＿ 번 → ＿＿＿＿＿＿＿＿＿＿＿＿＿＿＿＿

**1** '~는 둥 마는 둥 (하다)'를 사용해서 대화를 완성하십시오.

> **보기**　가 : 어제 잠을 잘 못 잤어요?
> 나 : 네, 어제 옆집에서 들리는 음악 소리 때문에 시끄러워서 **자는 둥 마는 둥 했거든요**.

1)　가 : 요즘 태주 씨가 무슨 고민이 있나 봐요.

　　나 : 그런 것 같지요? 오늘 사무실에서도 한숨만 계속 쉬고 일도 ＿＿＿＿＿＿＿＿ 하더라고요.

2)　가 : 두 분이 맞벌이를 하신다면서요?

　　나 : 맞아요. 맞벌이를 하다 보니 늘 피곤해서 ＿＿＿＿＿＿＿＿＿＿＿＿＿＿＿＿.

　　　　그래서 집안이 항상 엉망이에요.

3)　가 : 야! 너 왜 내 말을 ＿＿＿＿＿＿＿＿＿＿＿＿＿＿?

　　나 : 어, 미안해. 잠깐 다른 생각을 하고 있었어. 뭐라고 했어?

4)　가 : 민호 씨 배에서 꼬르륵 소리가 나요.

　　나 : ＿＿＿＿＿＿＿＿＿＿＿＿＿＿＿＿＿＿.

5)　가 : 아이들이 엄마, 아빠 없이도 자기 할 일을 알아서 하죠?

　　나 : 그럴 리가 있어요? ＿＿＿＿＿＿＿＿＿＿＿＿＿＿＿.

**2** 다음 글을 읽고 내용과 일치하지 <u>않는</u> 것을 고르십시오.

> 　　바쁜 현대인은 책을 접할 시간을 갖기 힘들다. 어쩌다 여유가 있을 때 책을 편다고 해도 금세 잠들어 버리거나 책을 읽는 둥 마는 둥 하고 딴짓을 하기 일쑤다. 그러나 다양한 매체의 발달로 좀 더 편리하고 흥미롭게 책을 즐길 수 있게 되었다. 가장 대표적인 예는 컴퓨터나 스마트폰으로 이용할 수 있는 전자책이다. 전자책은 독자 입장에서 종이책에 비해 가격이 저렴하고 책 전체를 꼭 사야 할 필요 없이 내가 필요한 부분만 구입할 수 있다는 점에서 편리하다. 또, 출판사 입장에서도 제작비와 유통비를 절약할 수 있고 업데이트가 쉽다는 장점이 있다. 초기에는 종이책이 출판된 후 반응이 좋으면 전자책으로 만들었는데 최근에는 스마트폰 사용자가 늘면서 종이책과 전자책을 동시에 내거나 아예 전자책 전용으로 책을 내는 출판사도 늘고 있다.

① 바쁜 현대인은 여유가 생긴다고 해도 책을 읽기는 힘들다.
② 컴퓨터나 스마트폰 등 매체의 발달로 좀 더 편리하게 책을 볼 수 있게 되었다.
③ 전자책은 종이책에 비해 가격은 비싸지만 필요한 부분만 살 수 있다는 장점이 있다.
④ 스마트폰 사용자가 늘면서 전자책으로만 출판하는 출판사도 늘고 있다.

**1** 비슷한 의미의 단어끼리 연결하십시오.

1) 대중 매체 ・     ・ ㉮ 방법

2) 지루하다 ・     ・ ㉯ 재미없다

3) 방식 ・     ・ ㉰ TV, 라디오, 신문

4) 저렴하다 ・     ・ ㉱ (물건을) 사다

5) 구입하다 ・     ・ ㉲ (가격이) 싸다

6) 사망하다 ・     ・ ㉳ 죽다

**2** 반대 의미가 있는 단어끼리 연결하십시오.

1) 순수 문학 ・     ・ ㉮ 제외되다

2) 일부 ・     ・ ㉯ 대중 문학

3) 포함되다 ・     ・ ㉰ 메마르다

4) 촉촉하다 ・     ・ ㉱ 전체

**3** 〈보기〉에서 알맞은 단어를 골라 문장을 완성하십시오.

| 보기 | 가치 | 감성 | 머무르다 | 작가 | 대중 | 촉촉하다 | 저렴하다 |
|---|---|---|---|---|---|---|---|

순수 문학하면 예술적인 <u>가치</u>가 높고 1) ＿＿＿＿＿＿이/가 이해하기에는 조금 어렵다는 느낌이 강했다. 하지만 요즘은 컴퓨터나 스마트폰, TV와 같은 대중 매체를 통해 생활 속에서 쉽게 순수 문학을 접할 수 있게 되었다. 보통 책에 비해 가격도 2) ＿＿＿＿＿＿고 필요한 부분만 살 수 있는 전자책도 있고 SNS로 문학을 쓰는 3) ＿＿＿＿＿＿도 많아졌다. 문학 작품이 드라마나 영화로 만들어지기도 한다. 이렇게 문학은 더 이상 책에 4) ＿＿＿＿＿＿ 않고 다양한 방법으로 우리를 찾아오고 있다. 문학을 통해 메마른 5) ＿＿＿＿＿＿에 6) ＿＿＿＿＿＿ 봄비를 적셔 보자.

## ✏️ 쓰기 Writing

**1** 다음 그림에 알맞은 단어를 〈보기〉에서 골라 쓰십시오.

**2** 〈보기〉에서 알맞은 단어를 골라 대화를 완성하십시오.

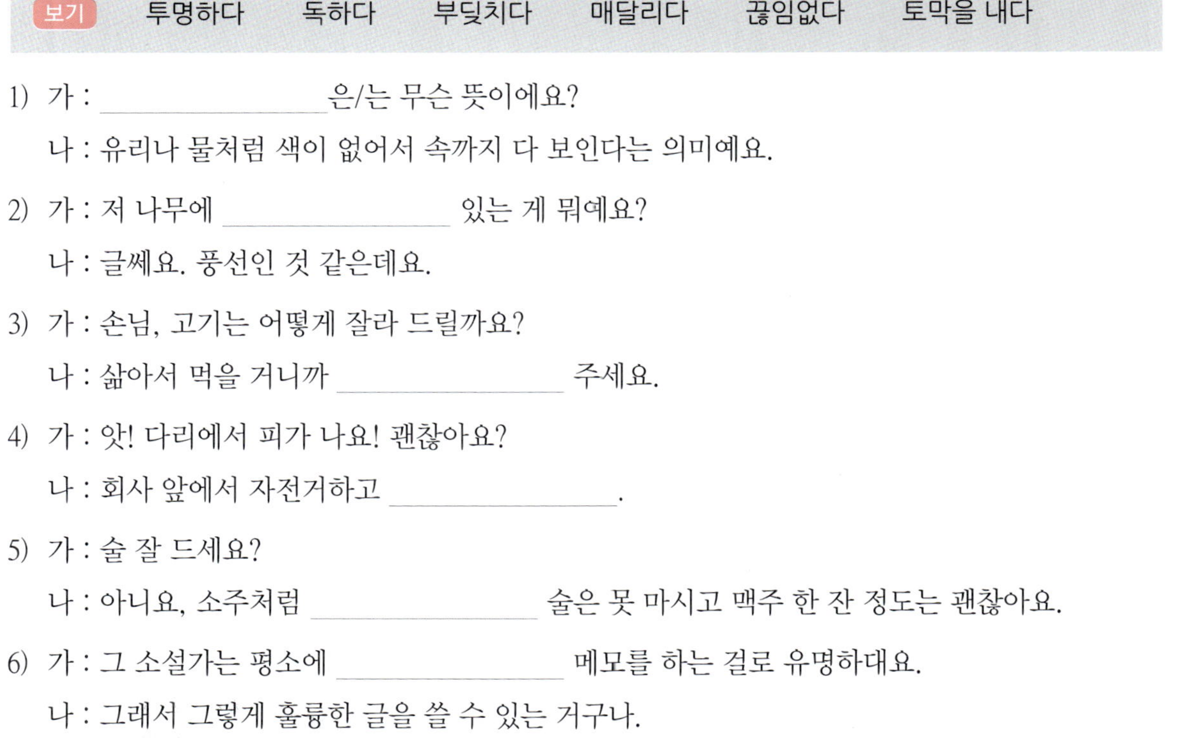


1) 가 : ____________은/는 무슨 뜻이에요?

　 나 : 유리나 물처럼 색이 없어서 속까지 다 보인다는 의미예요.

2) 가 : 저 나무에 ____________ 있는 게 뭐예요?

　 나 : 글쎄요. 풍선인 것 같은데요.

3) 가 : 손님, 고기는 어떻게 잘라 드릴까요?

　 나 : 삶아서 먹을 거니까 ____________ 주세요.

4) 가 : 앗! 다리에서 피가 나요! 괜찮아요?

　 나 : 회사 앞에서 자전거하고 ____________.

5) 가 : 술 잘 드세요?

　 나 : 아니요, 소주처럼 ____________ 술은 못 마시고 맥주 한 잔 정도는 괜찮아요.

6) 가 : 그 소설가는 평소에 ____________ 메모를 하는 걸로 유명하대요.

　 나 : 그래서 그렇게 훌륭한 글을 쓸 수 있는 거구나.

　　문학 치료란 다양한 문학 작품을 읽은 후 토론, 글쓰기 등의 방법을 통해 문제를 해결하는 치료법으로 독서 치료라고도 한다. 문학 치료는 치료자와 상담자가 1:1로 할 수도 있고 집단으로 진행할 수도 있다. 최근 한 조사에 따르면 정서 불안, 우울증, 알코올 중독과 같은 문제를 해결하기 위한 여러 가지 심리 치료 방법 중 가장 높은 효과를 보는 치료 방법 중 하나가 문학 치료라는 결과가 나왔다고 한다. 문학 치료가 이처럼 효과가 큰 이유는 우선 시간과 공간에 관계없이 누구나 비교적 저렴한 비용으로 시작할 수 있다는 데 있다. 또한 독서 자체가 자기 주도적 활동이기 때문에 환자 스스로가 의지를 갖고 시작한다는 점에서 효과가 클 수밖에 없다. 문학 작품을 통해 느낀 점을 토론하고 정리하는 시간을 갖는 동안 정신적으로 치유되는 효과뿐만 아니라 내적으로 성숙해지는 느낌도 함께 받게 되어 그 장점이 배가 된다. 문학 치료를 할 때 중요한 점은 책을 읽고 느낀 점을 그냥 지나치지 말고 바로 입 밖으로 내 놓아야 한다는 점이다. 대화가 가능한 상대방이 있다면 좋겠지만 혼자 있는 경우에는 자신이 느낀 것을 소리 내어 말하며 스스로 공감을 이끌어 내는 것이 중요하다.

**1** 윗글의 제목으로 알맞은 것은?

① 문학 치료의 장단점

② 문학 치료의 방법과 효과

③ 문학 치료를 할 때 주의 사항

④ 문학 치료와 독서 치료의 차이점

**2** 윗글의 내용과 다른 것은?

① 문학 치료는 문학 작품을 읽으며 하는 심리 치료로 독서 치료라고도 한다.

② 문학 치료는 장소와 시간에 관계없이 할 수 있다는 장점이 있다.

③ 문학 치료는 자기 주도적 활동이기 때문에 효과가 큰 심리 치료 방법이다.

④ 문학 치료를 하면서 느낀 점은 바로 메모를 해 두는 것이 좋다.

**1** 〈보기〉에서 알맞은 것을 골라 대화를 완성하십시오.

| 보기 | ~기 일쑤이다 | ~느니 | ~는 둥 마는 둥(하다) | 꾸준히 |
|---|---|---|---|---|
| | 대중 문학 | 순수 문학 | 원작 | 장편 |

스티브 : 주말에 서점 가려고 하는데 같이 갈래요? 다음 달에 개봉하는 영화가 있는데 외국 소설을
1) ____________(으)로 만들었다고 해서 한번 읽어 보려고요.

미라 : 좋아요. 주말에 집에 있으면 하루 종일 잠만 2) ____________ 같이 가죠. 스티브 씨는
어떤 책을 좋아하세요?

스티브 : 저는 이것저것 가리지 않고 다 읽는 편이지만 그래도 너무 짧게 끝나는 내용보다는
3) ____________ 이/가 더 기억에 오래 남는 것 같아요.

미라 : 그래요? 저는 뭔가를 4) ____________ 읽는 건 좀 어려워서…… 내용이 긴
책 한 권을 계속 5) ____________ 짧은 이야기 몇 편을 읽는 게 더 나아요.

스티브 : 하하, 그래요. 어떤 책이든 자신의 취향에 맞게 골라서 읽는 게 중요하죠. 유명한 베스트셀
러라고 해서 샀는데 재미없어서 결국 책을 펴 놓기만 하고 6) ____________ 하는
경우가 많이 있거든요.

미라 : 맞아요. 그래도 베스트셀러에 오르는 대부분의 작품은 여러 사람들이 읽기 쉽고 흥미 있는
요소가 많은 7) ____________(이)라서 문학이 좀 생소한 독자들도 접하기 편한 것 같아
요. 8) ____________의 경우에는 읽으면서도 좀 어렵고 생각을 많이 해야 되니까 한 장
넘기기도 힘들 때가 많죠.

**2** 〈보기〉에서 알맞은 단어를 골라 '~같이', '~처럼'을 사용해서 문장을 완성하십시오.

| 보기 | 호랑이 | 호수 | 보름달 | 단춧구멍 | 전봇대 | 백지장 | 바다 |
|---|---|---|---|---|---|---|---|

우리 회사 사람들을 소개할게요. 먼저 제 옆 자리에 앉는 토비 씨는 5년 전에 네덜란드에서 왔는데
1) ____________ 키가 커요. 농구 선수를 해도 될 정도예요. 토비 씨랑 친한 마이클 씨는 미국 사
람인데 마음이 2) ____________ 넓어서 항상 다른 사람의 일을 내 일처럼 잘 도와줘요. 미영 씨
는 신입 사원인데 눈이 3) ____________ 맑은 미인이에요. 저는 눈이 4) ____________ 작아서
미영 씨의 큰 눈이 너무 부러워요. 미영 씨는 아직 일이 서툴러서 부장님이 말씀하실 때 얼굴이
5) ____________ 하얘지면서 긴장할 때가 많아요. 우리 부장님은 6) ____________ 얼굴이 동그랗
지만 화낼 때는 7) ____________ 무서워요. 하지만 알고 보면 아주 좋은 분이에요.

**3** 다음 문장과 어울리지 <u>않는</u> 것을 고르십시오.

1) 이대로 포기하느니  
　　① 그만 두는 게 나아요.  
　　② 죽는 게 나아요.  
　　③ 끝까지 해 보고 후회하는 게 나아요.

2) 운동을 했더니  
　　① 땀이 비 오듯이 흘러요.  
　　② 배가 미친 듯이 고파요.  
　　③ 몸이 씻은 듯이 아파요.


**4** 다음 표현 뒤에 올 문장 중 맞는 것을 고르십시오.

1) 우리 엄마는  
　　① 시간을 항상 잘 지키셔서 시계처럼이에요.  
　　② 거짓말인지 아닌지 귀신같이 알고 계세요.  
　　③ 손이 얼음장처럼 뜨거워요.  
　　④ 얼굴이 백지장 같이예요.

# 인터넷과 생활

 **단어** Vocabulary

### 도입
- 웹서핑

### 대화
- 택배
- 반품
- 사은품
- 안심이 되다
- 개인 정보 유출
- 허위 광고
- 피해(를) 보다
- 일장일단

### 어휘
- 보낸 편지함
- 받은 편지함
- 스팸 편지함
- 수신 확인
- 삭제
- 첨부 파일
- 답장
- 전달
- 휴지통
- 인터넷에 접속하다
- 인터넷이 끊기다
- 파일(글/사진)을 퍼가다
- 파일(글/사진)을 올리다
- 파일(글/사진)을 다운로드하다
- 바이러스에 걸리다
- 홈페이지에 들어가다
- 회원가입을 하다
- 댓글(리플)을 달다

### 듣기
- 가상 공간
- 미혼모
- 중퇴
- 자퇴
- 디지털 기기
- 유목민

### 쓰기
- 사이버폭력
- 음란물

### Jump page
- 혹시
- 미처
- 도대체
- 막상
- 드디어
- 도저히

### 문법
- ~길래
- ~(으)ㄴ/는 셈이다
- ~(으)ㄴ/는/(으)ㄹ 줄 몰랐다/알았다

**1** 다음에서 설명하는 알맞은 단어를 〈보기〉에서 찾아 쓰십시오.

| 보기 | 택배 | 반품 | 사은품 | 개인 정보 유출 | 허위 광고 | 웹서핑(web surfing) |

1) ______________

   의미 : 우편물, 짐, 상품 등을 고객이 원하는 장소까지 직접 배달해 주는 일

   같은 단어 : 문 앞 배달, 집 배달

   예 그 백화점은 고객이 원하는 시간과 장소에 무료로 상품을 배달해 주는 __________ 서비스를 하고 있다.

2) ______________

   의미 : 관심 있는 정보를 찾거나 재미로 인터넷의 여러 사이트에 접속하는 것

   예 회사에서 일은 안 하고 __________ 만 하다가 상사에게 들켜서 혼이 났다.

3) ______________

   의미 : 일단 산 물품을 되돌려 보내는 것, 또는 그런 물건

   예 어제 산 옷이 마음에 안 들어서 __________ 했어요.

4) ______________

   의미 : 이름, 생년월일, 주소, 전화번호 등과 같은 중요한 정보가 불법적으로 빠져 나가는 것

   예 가 : 국내 주요 은행이 해킹을 당했다는 뉴스 보셨어요?

   　 나 : 네, __________ (으)로 피해를 입은 고객에게 100만 원씩 주기로 했대요.

5) ______________

   의미 : 상품이나 서비스에 대한 거짓 정보를 여러 가지 매체를 통하여 알리는 것

   예 3일 만에 10kg을 뺄 수 있게 해 준다는 __________ 을/를 한 다이어트 제약 회사가 1억 원의 벌금을 내게 되었다.

6) ______________

   의미 : 고객에게 감사하는 의미로 주는 선물

   예 저희 ○○ 백화점에서는 10만 원 이상 구매하신 고객께 __________ (으)로 세탁용 세제를 드리고 있습니다.

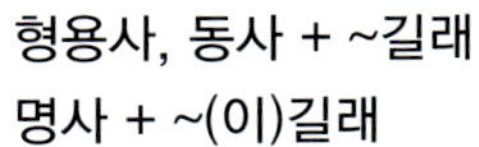

**1** 〈보기〉와 같이 '~길래'를 사용해서 대화를 완성하십시오.

> **보기**
> 가 : 새 옷인가 봐요. 예쁘네요.
> 나 : 네, 백화점에 갔는데 **싸길래** 하나 샀어요.

1) 가 : 여보, 아직 식사 안 했죠? 제가 빨리 저녁 준비할게요.

   나 : 아니, 괜찮아요. _______________________ 라면을 끓여서 먹었어요.

2) 가 : 어디 갔다 왔어요?

   나 : 운전 중에 자동차에서 _______________________ 정비소에 다녀왔어요.

3) 가 : 뭘 그렇게 많이 사셨어요?

   나 : 백화점에 갔는데 _______________________.

4) 가 : 버스로 오면 더 편한데 왜 지하철을 타셨어요?

   나 : _______________________ 지하철을 탔어요.

5) 가 : 어제 저녁에 전화했는데 왜 전화 안 받았어요?

   나 : _______________________ 일찍 잤거든요. 미안해요.

6) 가 : 미영 씨가 _______________________ 집들이 때 도와달라고 했어요.

   나 : 그거 좋은 아이디어네요!

7) 가 : 텔레비전 왜 껐어요?

   나 : _______________________ 제가 껐어요.

8) 가 : 버스를 탔는데 할머니가 _______________________ 자리를 양보해 드렸어요.

   나 : 잘 하셨네요.

9) 가 : 웬 꽃이에요?

   나 : 달력을 보니까 _______________________ 샀어요.

   가 : 어머! 고마워요!

**2** 다음 중 '~길래' 문법이 바르게 사용된 것에 ○, 틀린 것에 ×를 하고 틀린 문장은 〈보기〉와 같이 다른 표현으로 바꾸십시오.

> 보기　날씨가 **덥길래** 문을 열어 주세요. ( × ) → 더우니까, 더운데

1) 약속 시간에 늦었길래 택시를 탑시다. (　) → ______________________

2) 꽃이 예쁘길래 (내가) 한 송이 샀어요. (　) → ______________________

3) 꽃이 예쁘길래 한 송이 살까요? (　) → ______________________

4) 친구가 학교에 가길래 나도 따라갔어요. (　) → ______________________

5) 친구가 학교에 가길래 민수 씨도 따라갔어요. (　) → ______________________

6) 철수가 너무 많이 먹길래 (제가) 못 먹게 했어요. (　) → ______________________

7) 철수가 너무 많이 먹길래 민호가 못 먹게 했어요. (　) → ______________________

8) 텔레비전을 켜길래 시끄럽다. (　) → ______________________

9) 텔레비전이 시끄럽길래 (내가) 꺼 버렸다. (　) → ______________________

**1** '~(으)ㄴ/는 셈이다'를 사용해서 다음 질문에 답하십시오.

> **보기**  가 : 출장을 자주 가세요?
> 나 : 네, 1년 동안 12번 갔으니까 한 달에 한 번 **출장을 간 셈이에요**.

1) 가 : 고향에 있는 친구나 가족하고 자주 연락해?

   나 : 어제도 했고 오늘도 했으니까 _______________________________.

2) 가 : 저축을 많이 하세요?

   나 : 월급 200만 원 중에서 100만 원 정도를 저축하니까 _______________________________.

3) 가 : 한국에 오래 살았어?

   나 : 응, 열세 살 때 이사를 왔는데 지금 내가 서른 살이니까 _______________________________.

4) 가 : 요즘 회사 사정이 좀 좋아졌어요?

   나 : 수출이 수입에 비해서 좀 많아졌으니까 이번 달은 _______________________________.

**2** 다음 글의 내용과 같은 것을 고르십시오.

1)

> 이번 달부터 매일 한 시간 반씩 수영 개인 강습을 받기로 했다. 오늘 첫 수업이었는데 선생님과 만나서 한 달 동안 수업 일정을 짜느라고 30분이나 걸렸다.

① 수업 시간의 3분의 1을 허비한 셈이다.　　　② 90분 수업을 한 셈이다.

2)

> 정부가 수출 가격 경쟁력을 높인다는 이유로 대기업에 전기 요금 할인 혜택을 주면서 지난 3년 간 3조 원이 넘는 손실이 발생했다. 반면 중소기업이 내야 하는 전기 요금은 지난 3년 간 매년 20% 정도 인상됐다.

① 대기업이 손해를 본 셈이다.
② 중소기업이 대기업의 전기 요금을 대신 낸 셈이다.

3)

> 국내 100개 기업, 직장인 4만여 명을 대상으로 조사한 자료에 따르면 대한민국 직장인은 2.4일에 한 번 야근을 했다. 하루 9시간 근무할 경우 실제로 일에 집중하는 시간은 전체의 58%인 5.22시간이었고, 2시간 야근을 해서 11시간을 일할 경우 실제 집중 시간은 4.95시간이었다.

① 야근을 하면 집중력이 높아지는 셈이다.
② 야근을 하면 오히려 일의 효율은 떨어지는 셈이다.

**문형연습** Pattern Practice

> 형용사, 동사 + ~(으)ㄴ/는/(으)ㄹ 줄 몰랐다(알았다)
> 명사 + ~인 줄 몰랐다(알았다)

**1** 아래 표를 보고 '~(으)ㄴ/는/(으)ㄹ 줄 몰랐다(알았다)'를 사용해서 문장을 완성하십시오.

| 생각 | 사실 |
|---|---|
| <보기> 미나 씨는 일본 사람이 아니에요. | 일본 사람이었어요. |
| 1) 그분은 선생님이 아닐 것 같아요. | 선생님이었어요. |
| 2) 한국말 배우기가 쉬울 것 같아요. | 생각보다 어려워요. |
| 3) 학교가 멀 것 같아요. | 걸어 다닐 수 있어요. |
| 4) 그 영화는 아마도 재미없어요. | 재미있군요. |
| 5) 민수 씨가 술을 잘 마실 것 같아요. | 한 잔도 못 마셔요. |
| 6) 로라 씨는 아마 기숙사에 살아요. | 아야코 씨와 같은 하숙집에 살아요. |
| 7) 김 선생님은 아마도 결혼했어요. | 다음 주에 결혼하실 겁니다. |
| 8) 수업이 끝났을 거예요. | 수업 중이었어요. |

**보기**    미나 씨가 **일본 사람이 아닌 줄 알았는데** 일본 사람이었어요.
        미나 씨가 **일본 사람인 줄 몰랐어요.**

1) _______________________________________________

2) _______________________________________________

3) _______________________________________________

4) _______________________________________________

5) _______________________________________________

6) _______________________________________________

7) _______________________________________________

8) _______________________________________________

**2** '~(으)ㄴ/는/(으)ㄹ 줄 몰랐다(알았다)'를 사용해서 문장을 완성하십시오.


> **보기**  비가 **내리는 줄 모르고** 우산을 안 챙겼어요.

1) 길이 _________________________ 늦게 출발했어요.

2) 토니 씨가 오늘 _________________________ 송별회를 못해 줘서 너무 미안해요.

3) 너는 지금 내 말이 _________________________ 난 진심이거든.

4) 어른 모시기가 이렇게 _________________________ 시부모님과 같이 안 살았을 거예요.

5) 식당이 오늘 일찍 문을 _________________________ 헛걸음을 했다.


**3** 〈보기〉와 같이 여러분이 아는 사람에 대해 '~(으)ㄴ/는/(으)ㄹ 줄 몰랐다(알았다)'를 사용해서 쓰십시오.

> **보기**  저는 처음에 학원에 와서 링링 씨를 봤을 때 너무 한국말을 잘해서 **한국 사람인 줄 알았어요**.
> 그래서 링링 씨가 우리 **선생님인 줄 알았어요**.

**1** 〈보기〉에서 알맞은 단어를 골라 문장을 완성하십시오.

| 보기 | 중독 | 흥미 | 감소 | 일상생활 | 가상공간 | 발생 |
|---|---|---|---|---|---|---|

　　인터넷 중독이란 꼭 필요하지도 않은데 인터넷을 계속하게 되어 학교나 회사 일과 같은 1) ______ 에 문제가 생기는 것을 말한다. 인터넷 중독의 큰 증상 중 하나는 가족이나 친구를 만나는 것에 2) __________을/를 잃고 인터넷 외에 다른 일에 대한 관심이 3) __________하는 것이다. 인터 넷 중독이 더 심해지면 현실과 4) __________을/를 구분하지 못하게 되거나 사회생활에 문제가 5) ________하기도 한다.


🎧 **듣기 2** Listening 2

**1** 다음 단어에 대한 알맞은 설명을 골라 연결하십시오.

1) 미혼모　　•　　　　•　㉮ 사는 일, 인생
2) 중퇴　　•　　　　•　㉯ 학교를 스스로 그만둠.
3) 자퇴　　•　　　　•　㉰ 학교를 중단함.
4) 창업　　•　　　　•　㉱ 결혼하지 않고 아이를 낳은 여성
5) 개발　　•　　　　•　㉲ 한 곳에 머무름.
6) 정착　　•　　　　•　㉳ 새로운 물건을 만들거나 새로운 아이디어를 냄.
7) 삶　　•　　　　•　㉴ 사업을 새롭게 시작함.


**2** 다음 명사와 어울리는 동사를 연결하고 밑줄에 알맞은 조사를 넣어 문장을 완성하십시오.

1) 회사____　　•　　　　•　㉮ 벗어나다
2) 스트레스____　　•　　　　•　㉯ 발휘하다
3) 창의력____　　•　　　　•　㉰ 극복하다
4) 세상____　　•　　　　•　㉱ 떠나다
5) 위기____　　•　　　　•　㉲ 쫓겨나다

1) __________________________　　2) __________________________

3) __________________________　　4) __________________________

5) __________________________

다음은 개인 정보 유출에 대한 뉴스입니다. 잘 읽고 질문에 답하십시오.

> 얼마나 많은 개인 정보가 유출됐으면 이런 정도까지 됐을까요? 중국 인터넷 사이트에서는 한국인의 개인 정보를 클릭 한 번에 모두 알 수 있다고 합니다. 중국의 한 검색 사이트 검색창에 '한국인 신분증 번호'라고 입력해 봤습니다. 그중 가장 클릭 수가 많은 페이지에 들어가자 바탕 화면에 한국인의 이름과 주민 등록 번호 수십 거가 나옵니다. 실제로 사용할 수 있는 주민 등록 번호인지 확인도 할 수 있습니다. 이 개인 정보는 주로 온라인 게임의 아이디를 도용하는 데 사용됩니다. 정부는 앞으로는 개인 정보를 유출한 회사에 벌금 5억 원을 내게 하겠다고 발표했는데요, 좀 더 근본적인 해결책이 필요할 것으로 보입니다. EK 뉴스 양지유입니다.

**1** 위의 뉴스에서 사용된 단어입니다. 빈칸에 알맞은 단어를 골라 문장을 완성하십시오.

| 입력 | 클릭 | 검색창 | 검색 사이트 | 도용 |
| --- | --- | --- | --- | --- |

1) 인터넷 사이트에 가입할 때 주소, 전화번호 등을 __________ 해야 합니다.
2) 인터넷은 __________ 한 번으로 전 세계를 연결시켜 준다.
3) 세계적인 __________ 야후가 2012년 12월을 마지막으로 한국 시장을 떠났다.
4) 인터넷 __________ 에 '한국어 학원'을 치면 여러 한국어 학원 홈페이지가 나옵니다.
5) 한국인의 개인 정보를 __________ 해서 가짜 여권이나 통장을 만드는 범죄가 외국에서 종종 발생하고 있어 주의가 요구된다.

**2** 한국에서 개인 정보 유출에 대한 뉴스를 본 적이 있습니까? 이런 문제를 해결하려면 어떤 노력이 있어야 한다고 생각합니까?

**1** 〈보기〉에서 알맞은 것을 골라 대화를 완성하십시오.

| 보기 | | | |
|---|---|---|---|
| ~길래 | ~셈이다 | ~(으)ㄴ/는/(으)ㄹ 줄 몰랐다/알았다 | |
| 개인 정보 | 댓글을 달다 | 디지털 기기 | 안심이 되다 |
| 접속하다 | 회원 가입 | 허위 광고 | |

리카 : 민수 씨! 무슨 중요한 일이 1) _______________ 아까부터 계속 스마트폰만 보고 있어요?

민수 : 아, 특별히 무슨 일이 있는 건 아니고요. 그냥 인터넷에 2) _______________ 뉴스도 좀 보고 페이스북의 친구들 사진에 3) _______________________________.

리카 : 아, 저는 민수 씨가 무슨 중요한 연락이라도 4) _______________________________.

민수 : 요즘은 별일 없을 때에도 스마트폰을 손에서 떼지 못할 때가 많아요. 스마트폰이 손에 있어야 5) _______________________.

리카 : 저도 그랬는데 얼마 전에 6) '_______________ 없이 살아 보기'라는 책을 읽고 생각이 좀 바뀌었어요. 핸드폰, 노트북, 태블릿 PC 등을 사용하지 않고 살아 본 후에 느낀 점을 쓴 책이었는데 아주 인상 깊었어요.

민수 : 저도 어떨 때는 인터넷에 너무 의존하고 있는 건 아닌가 하는 생각이 들기도 해요. 하지만 현실적으로 스마트폰이나 인터넷 없이 살기는 어렵잖아요.

리카 : 그건 그렇죠. 업무상 중요한 이메일도 수시로 봐야 하고…… 아예 스마트폰을 안 할 수는 없지만 최소한으로 사용 빈도를 줄여 보려고 얼마 전에 잘 사용하지도 않고 7) _________ 만 해 놓은 사이트나 SNS는 모두 탈퇴해 버렸어요.

민수 : 와! 대단한데요. 저는 TV나 노트북 없이 살 수는 있어도 스마트폰만은 포기하지 못할 것 같아요. 사실 스마트폰으로 웬만한 건 다 할 수 있으니까 8) _______________________________.

**2** 다음 밑줄 친 단어 중에서 맞는 것에 'ㅇ' 하십시오.

1) 국물을 소리 내어 읽을 때 **국물 / 군물 / 궁물**로 발음해요.
2) 메일함에 들어가서 스팸 메일과 필요 없는 메일은 **삭제 / 전달 / 첨부**하고 어제 팀장님에게 받은 메일에 회의 자료를 **삭제 / 전달 / 첨부**해서 이 대리에게 **삭제 / 전달 / 첨부**했어요.
3) 미호 씨, **만약 / 혹시** 볼펜 있어요? 있으면 좀 빌려 주실래요?
4) 졸업하면 바로 취직이 될 줄 알았는데 **결국 / 막상** 졸업하니 취업이 생각처럼 쉽지 않네요.
5) 이 문제의 답이 무엇인지 **과연 / 도대체** 모르겠어요.

# 한국의 축제

 **단어** Vocabulary

### 도입
- □ 축제

### 대화
- □ 매진(이) 되다
- □ 개막작
- □ ~여
- □ 상영(이) 되다
- □ 현장
- □ 매표소
- □ 폐막작
- □ 경쟁이 치열하다
- □ 줄(을) 서다

### 어휘
- □ 관객
- □ 통합권
- □ 마스코트
- □ 예매 / 현장 판매
- □ 표어(슬로건)
- □ 개최하다
- □ 공연하다
- □ 시상하다
- □ 참여하다

### 읽기
- □ 체험하다
- □ 산업
- □ 인공
- □ 나들이
- □ 박람회
- □ 푸짐하다
- □ 환상적이다
- □ 마당극
- □ 우아하다
- □ 유머러스하다
- □ 패키지
- □ 1일권
- □ 2일권
- □ 결선
- □ 워크숍

### 문법
- □ ~(으)ㄴ/는 걸 보니까
- □ ~이/가 그만이다
- □ ~(으)ㄹ 겸 (해서)

**1** 다음 단어에 대한 설명으로 알맞은 것을 연결하십시오.

| | |
|---|---|
| 1) 개막 • | • ㉮ 오직 그것뿐, 겨우 ~만 |
| 2) 폐막 • | • ㉯ 축제나 행사를 시작함. |
| 3) 매진 • | • ㉰ 축제나 행사를 끝냄. |
| 4) 단 • | • ㉱ 아주 크고 대단하다, 보통 이상으로 |
| 5) 굉장하다 • | • ㉲ 극장에서 영화를 보여 주다. |
| 6) ~여 • | • ㉳ 물건이나 표가 다 팔림. |
| 7) 상영되다 • | • ㉴ 표를 파는 곳 |
| 8) 구하다 • | • ㉵ 필요한 것을 찾다. |
| 9) 매표소 • | • ㉶ 그 수를 넘음. 예) 20__ 명, 10__ 개 |

**2** 다음은 부산 국제영화제에 대한 설명입니다. 위의 **1**번 문제의 단어 중 빈칸에 알맞은 단어를 골라 문장을 완성하십시오.

　　1996년부터 매년 가을 부산에서 열리고 있는 세계 영화인의 축제 부산국제영화제. 세계 백 1) __________ 개국의 300편 이상의 영화가 소개되고 축제를 시작하는 2) __________ 식에는 세계적으로 유명한 감독과 배우들이 레드 카펫을 밟는다. 영화제의 시작을 알리는 개막작과 마지막 3) __________ 작은 특히 인기가 많아서 인터넷 예매를 시작한 지 4) __________ 몇 초 만에 5) __________ 이/가 될 정도로 경쟁이 치열하다.

인터넷 예매를 못했다면 직접 극장 앞에 있는 6) __________ 에 가서 살 수도 있지만 전체 표의 20%만 현장 판매하기 때문에 아침 일찍부터 길게 줄을 서야 할 때도 있다.

**문형연습** Pattern Practice

형용사, 동사 + ~(으)ㄴ/는 걸 보니까
명사 + ~인 걸 보니까

**1** 〈보기〉와 같이 문장을 완성하십시오.

> **보기**  버스가 안 오는 걸 보니까 **오는 길에 사고가 났나 봐요**.

1) 미영 씨는 집에 화분이 많은 걸 보니까 _______________________________.

2) 토미 씨는 항상 약속이 많은 걸 보니까 _______________________________.

3) 집에 전화를 안 받는 걸 보니까 _______________________________.

4) 다나카 씨가 수업이 끝나자마자 집에 간 걸 보니까 _______________________________.

5) 두 사람이 많이 닮은 걸 보니까 _______________________________.

**2** 우리 반 친구들은 요즘 어떤 일이 있을까요? '~(으)ㄴ/는 걸 보니까'를 사용해서 쓰십시오.

> **보기**  선생님 핸드폰에 아이돌 사진이 많이 **저장되어 있는 걸 보니까** 아이돌에 진짜 관심이 많은가 봐요.

**문형연습** Pattern Practice

명사 + ~이/가 그만이다

**1** 다음과 같은 상황에서는 어떻게 하는 게 제일 좋은지 '~이/가 그만이다'를 사용해서 〈보기〉와 같이 쓰십시오.

> **보기**　목감기에 걸렸을 때는 따뜻한 **유자차나 생강차가 그만이에요**.

1) 소화가 잘 안 될 때는 ___________________________.

2) 피부 미용에는 ___________________________.

3) 한국어를 잘하려면 ___________________________.


**2** 여러분이 잘 알고 있는 좋은 곳, 음식 등을 추천해 주십시오.

> **보기**　비빔밥은 역시 **전주가 그만이에요**.

1) 신혼 여행지로는 역시 ___________________________.

2) 더울 때는 역시 ___________________________.

3) 외국에서 온 친구에게 소개할 한국의 명소로는 ___________________________.

4) 몸이 피곤할 때는 ___________________________.

5) 우리나라에서는 역시 ___________________________.

**1** 빈칸에 '~겸'의 의미를 잘 생각해서 알맞은 말을 쓰십시오.

1) 가 : 저 사람 누구예요? 사인을 받으려고 사람들이 엄청 모여들었는데요!

   나 : 어머! 김ㅇㅇ이잖아! 모르세요? 한국에서 엄청 유명한 __________ 겸 __________이에요/예요. 요즘 TV만 켜면 저 사람이 나오는데!

2) 가 : 우리 집 앞에 커피숍이 생겼는데 __________ 겸 __________인가 봐요.
   매달 전시되는 그림이 바뀌는데 작품들이 꽤 괜찮아요.

   나 : 아, 갤러리 카페군요. 커피도 마시고 문화 활동도 하고 좋겠네요.

3) 가 : 제가 대학생 때는 아르바이트를 열심히 해서 디지털 카메라를 사는 게 유행이었는데 요즘 대학생들은 디지털 카메라 안 쓰죠?

   나 : 네, 핸드폰을 __________ 겸 __________(으)로 쓰니까요.

4) 가 : 주말에는 늦게 일어나니까 __________ 겸 __________을/를 먹어요.

   나 : 하하하. 보통 주말은 그렇죠. 게으름을 피우게 돼요.

**2** 관계있는 내용끼리 연결한 후 문장으로 쓰십시오.

| | | |
|---|---|---|
| 보기 식사도 하다 / 사업 이야기도 하다 • | | • ㉮ 일찍 일어나다 |
| 1) 돈을 벌다 / 취미도 살리다 • | | • ㉯ 노래방에 가다 |
| 2) 운동을 하다 / 아침 공부도 하다 • | | • ㉰ 식당에서 만나다 |
| 3) 노래도 부르다 / 스트레스도 풀다 • | | • ㉱ 인사동에 가다 |
| 4) 쇼핑 / 산책 • | | • ㉲ 꽃집을 차리다 |

보기 　식사도 **할 겸** 사업 이야기도 **할 겸** 식당에서 만나자고 했어요.

1) __________________________________________________

2) __________________________________________________

3) __________________________________________________

4) __________________________________________________

**1** 알맞은 것을 고르십시오.

1) 4월 말      ① 4월 1일~10일      ② 4월 21일~30일

2) 5월 초      ① 5월 1일~10일      ② 5월 21일~30일

3) 12월 중순      ① 12월 1일~10일      ② 12월 15일 전후

4) 1990년대 초반      ① 1991년~1994년      ② 1996년~1999년

**2** 다음 빈칸에 알맞은 단어를 골라 쓰십시오.

| 수~ | ~여 | 무려 | 불과 |
|---|---|---|---|

1) 부산국제영화제를 보러 __________만 명의 관광객이 부산을 찾았습니다.

2) 자라섬 재즈 페스티벌에 __________15만 2540명이 왔다.

3) 서울 국제 불꽃 축제에 약 10만__________ 명의 관람객이 왔다고 한다.

4) 공연이 __________ 10분도 되지 않아 끝나 버렸다.

**3** 다음 빈칸에 알맞은 단어를 골라 쓰십시오.

| ~간 | 만 | 당시 | 직전 | 직후 |
|---|---|---|---|---|

1) 탈춤 페스티벌은 이번 주 월요일부터 일요일까지 일주일 ________ 열린다.

2) 우리 고향에서 처음 축제를 시작할 ________에는 이렇게 큰 성공을 할 줄 아무도 몰랐다.

3) 이번 축제에 10년 ________에 프랑스 대표팀이 참가한다.

4) 공연을 시작하기 ________에 유명한 감독과 배우들이 도착해서 관객들이 사진을 찍느라 공연 시간이 좀 늦춰졌다. 공연이 끝난 ________에는 감독과 배우들의 사인회가 시작되었다.

**4** 반대 의미가 있는 단어끼리 연결하십시오.

| | |
|---|---|
| 1) 동양 • | • ㉮ 최소 |
| 2) 최대 • | • ㉯ 자연 |
| 3) 인공 • | • ㉰ 서양 |
| 4) 푸짐하다 • | • ㉱ 부족하다 |
| 5) 아마추어 • | • ㉲ 개인 |
| 6) 단체 • | • ㉳ 선택 |
| 7) 필수 • | • ㉴ 전문가 |

**5** 빈칸에 알맞은 단어를 〈보기〉에서 골라 쓰십시오.

| 보기 | 개최하다 | 나들이 | 체험 | 공개방송 | 딱 | 한자리에서 | 진행되다 |
|---|---|---|---|---|---|---|---|

안동 시장에서 '안동 찜닭 축제'를 1) _________________. 안동을 대표하는 음식인 찜닭, 간
고등어, 안동 식혜를 2) _________________ 즐길 수 있는 이번 축제는 10월 7일 토요일 하루만
3) _________________. 가수들의 축하 공연, 라디오 4) _________________, 찜닭 만들기
5) _____________ 등 다양한 행사도 준비되어 있어 가족이나 연인과 6) _____________ 코스
로 7) _____________ 좋습니다. 이번 주말은 찜닭 축제 보러 안동으로 놀러 오세요!

다음은 서울시에서 뽑은 봄꽃 길 102곳에 대한 소개입니다. 잘 읽고 질문에 답하십시오.

### 상춘객 사로잡는 '서울 봄 꽃길 102선'

　봄꽃이 서울 도심 곳곳에서 아름다운 모습을 뽐내고 있는 가운데 가족이나 연인이 함께 찾을 만한 봄 꽃길을 서울시가 모아 소개했다. 이번에 서울시에서 소개한 봄 꽃길은 공원 내 꽃길 39곳, 도로변 꽃길 30곳, 하천변 꽃길 28곳, 기타 5곳, 총 102곳이고 모든 꽃길의 총 길이는 무려 181km이다. 이번에 선정된 봄 꽃길들은 도심에서 가깝고 대중교통을 이용해 쉽게 갈 수 있을 뿐만 아니라 주변에 다양한 문화공간과 맛집이 있어 봄나들이 코스로 그만이다. 기상청에 따르면 올해 서울에서 개나리는 4월 2일, 진달래는 4월 5일쯤 꽃이 피기 시작한다고 한다. 벚꽃은 4월 10일쯤 개화해 16일쯤 만개할 전망이다.

〈서울 봄 꽃길 102곳 중 지하철로 가기 편리한 곳〉

| 장소 | 교통편 | 꽃 종류 |
|---|---|---|
| 종로구 삼청동 정독도서관 | 지하철 3호선 안국역 | 벚꽃 |
| 성동구 응봉동 응봉산 | 지하철 3호선 금호역, 5호선 신금호역 | 개나리 |
| 광진구 광장동 워커힐호텔 | 지하철 5호선 광나루역 | 벚꽃 |
| 서초구 반포동 서래섬 | 지하철 3, 7, 9호선 고속터미널역 | 유채꽃 |
| 동대문구 중랑천 | 중앙선 중랑역 | 진달래 |

**1** 다음 중 위 글의 내용과 <u>다른</u> 것은?

　① 서울시가 서울 도심 곳곳의 아름다운 봄 꽃길을 소개했다.

　② 서울시에서 소개한 봄 꽃길은 총 102곳이고 총 길이는 181km이다.

　③ 벚꽃을 볼 수 있는 장소는 정독도서관과 워커힐호텔이다.

　④ 서울에서 봄꽃은 모두 4월 초에 만개할 예정이다.

**2** 여러분은 여기에 소개된 장소 중 가 본 곳이 있습니까? 어디에 가장 가 보고 싶습니까?

**3** 여러분이 서울의 명소로 소개하고 싶은 곳은 어디입니까? 다음 표에 정리한 후 발표해 봅시다.

| | |
|---|---|
| 장소 이름 | |
| 위치 및 가는 방법 | |
| 장소의 유래나 역사 | |
| 볼거리, 놀 거리,<br>먹을거리,<br>해 볼 만한 것들 | |
| 추천 일정 | |
| 기타 | |

**1** 〈보기〉에서 알맞은 것을 골라 기사를 완성하십시오.

| 보기 | ~는 걸 보니까 | ~(으)ㄹ 겸 | ~이/가 그만이다 | 개막 | 공연하다 |
|---|---|---|---|---|---|
| | 나들이 | 만만치 않다 | 상영되다 | ~여 | 줄을 서다 |
| | 참여하다 | 체험 | 폐막 | 현장 | |

〈올해 17회 맞는 전주 국제영화제 28일 1) ＿＿＿＿＿＿＿〉

　봄을 맞아 가족과의 2) ＿＿＿＿＿＿＿＿＿＿＿을/를 계획하고 있다면 전주가 어떨까? 예술적이고 다양한 영화도 볼 수 있고 게다가 전통 문화 3) ＿＿＿＿＿＿＿＿까지 함께 할 수 있는 장소로는 4) ＿＿＿＿＿＿＿＿＿＿＿＿＿＿.

　전통과 문화, 예술의 도시 전주에서 올해로 17회째를 맞는 전주 국제영화제가 열린다. 영화제는 이달 28일에 시작해 5월 7일까지 계속된다. 상업적 작품보다는 독립·예술영화 작품 중심의 영화제 기간에는 역대 최다인 211편이 5) ＿＿＿＿＿＿＿＿＿＿ 예정이다. 당일 축제가 진행되는 6) ＿＿＿＿＿＿＿에서는 개막작으로 '본 투 비 블루(Born to be blue)'가 상영되고 유명 영화 배우의 참석으로 축제 분위기가 한껏 달아오를 전망이다. 영화제가 열리는 전주에는 한지 문화 축제 등 다양한 즐길 거리도 함께 마련되어 있다. 행사도 보고 맛있는 음식도 7) ＿＿＿＿＿＿＿ 전주한옥마을에 가 보는 것도 추천한다. 500 8) ＿＿＿＿＿＿＿＿＿ 채의 전통 한옥도 볼 수 있고 9) ＿＿＿＿＿＿＿＿ 기다려야 맛볼 수 있는 문꼬치와 수제만두, 칼국수 등도 인기 만점이다.

**2** 다음 일기를 읽고 <u>맞춤법이 틀린 외래어</u>를 찾아 바르게 고치십시오. (총 6개)

20○○년 ○월 ○일

　예전에 빠라에서 일할 때 알고 지냈던 친구에게서 연락이 왔다. 출장 때문에 한국에 왔다가 오랜만에 얼굴도 볼 겸 만나자고 한 것이다. 까페에서 만나 쥬스를 마시면서 이야기를 나눴다. 친구가 프랑스에서도 치맥이 인기라면서 먹어 보고 싶다고 하길래 서둘러 인터넷으로 써비스는 물론 맛도 그만이라고 소개된 음식점을 찾았다. 후라이드 치킨에 맥주 한 잔을 먹고 마시며 오랜만에 수다를 떨었다. 헤어지기 전에 친구는 선물이라면서 조그만 쇼핑백을 줬는데 열어 보니 내가 좋아하는 프랑스 초콜렛이 들어 있었다. 스케줄도 바쁠 텐데 잊지 않고 연락해 준 친구가 너무 고마웠다.

**틀린 맞춤법**

〈보기〉 빠리 → 파리

1) ＿＿＿＿＿ → ＿＿＿＿＿

2) ＿＿＿＿＿ → ＿＿＿＿＿

3) ＿＿＿＿＿ → ＿＿＿＿＿

4) ＿＿＿＿＿ → ＿＿＿＿＿

5) ＿＿＿＿＿ → ＿＿＿＿＿

6) ＿＿＿＿＿ → ＿＿＿＿＿

# 건강

 **단어** Vocabulary

## ▶ 대화
- 유지하다
- 건강 관리
- 하긴
- 체력(이) 떨어지다
- 워낙
- 차차
- 적응하다
- 작심삼일

## 어휘
- 면역력
- 안색
- 위생
- 장수
- 호흡
- 혈압

## 🎧 듣기
- 목마름
- 여부
- 유산소 운동
- 무산소 운동
- 성인병
- 비만
- 춘곤증
- 치매
- 담당하다
- 밀접하다
- 소화 불량
- 군것질
- 편두통
- 불면증

## ✏ 쓰기
- 키워드
- 연령별
- 관심사
- 코디
- 세안
- 노화
- 질환
- 탈모
- 매출
- 당뇨
- 혈관

## 🏷 Jump page
- 눈도 깜짝하지 않다
- 손이 크다
- 눈이 높다
- 낯이 익다
- 발을 뻗고 자다
- 낯이(얼굴이) 두껍다
- 발이 넓다
- 어깨가 무겁다
- 귀가 닳도록(귀에 못이 박히도록) 듣다
- 입이 무겁다

## 문법
- ~커녕
- ~더라도
- ~못지않다

## 대화 Dialogue

**1** 〈보기〉에서 알맞은 표현을 골라 대화를 완성하십시오.

| 보기 | 작심삼일 | 일석이조 | ~더라도 | ~은/는커녕 |
|---|---|---|---|---|
| | 체력 | 차차 | 하긴 | |

다나카 : 요즘 업무가 많아서 스트레스를 받았더니 살이 많이 쪘어요. 다이어트를 해 보려고 해도 항상 1) ____________ 이/가 되어 버리네요.

민수　 : 저는 얼마 전부터 아침에 한강에서 달리기를 시작했는데 건강도 좋아지고 스트레스도 풀리고 2) ____________ 이에요/예요. 다나카 씨도 같이 해요.

다나카 : 저는 달리기 3) ____________ 걷는 것도 귀찮은데요.

민수　 : 다나카 씨, 건강은 건강할 때 지켜야 해요. 4) ____________ 건강 관리를 해야죠.

다나카 : 5) ____________ 요즘 점점 살도 찌고 게다가 6) ____________ 도 떨어지는 것 같아요. 근데 제가 매일 운동을 할 수 있을까요?

민수　 : 처음에는 힘들겠지만 7) ____________ 적응하게 될 거예요. 같이 해요!

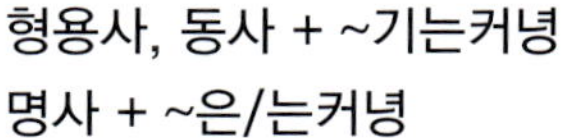

**1** 〈보기〉에서 알맞은 표현을 골라 '~커녕'을 사용해서 한 문장으로 만드십시오.

> 보기  ㉮ 연애도 한 번 못하다          ㉯ 구름 한 점 없다
> ㉰ 풀 한 포기도 찾기 힘들다      ㉱ 살이 더 쪘다
> ㉲ 팔을 올리지도 못하다          ㉳ 축하 인사조차 못 듣다
> ㉴ 전화 통화도 못하다

> 보기  결혼을 못하다 / ㉮ 연애도 한 번 못하다
> → **결혼은커녕** 연애도 한 번 못했어요.

1) 가뭄인데 비가 안 오다 / ______________________________

 → ______________________________

2) 사막에 나무가 없다 / ______________________________

 → ______________________________

3) 친구들을 자주 못 만나다 / ______________________________

 → ______________________________

4) 생일날 선물을 받지 못하다 / ______________________________

 → ______________________________

5) 매일 운동하는데 살이 빠지지 않다 / ______________________________

 → ______________________________

6) 팔을 다쳐서 물건을 들지 못하다 / ______________________________

 → ______________________________

**2** 다음 중 어색한 대화를 골라 바르게 고치십시오.

① 가 : 이번 시험은 성적이 올랐죠?
　 나 : 오르기는커녕 전보다 떨어졌어요.
② 가 : 휴가는 즐겁게 보내셨어요?
　 나 : 가족들 챙기느라 즐겁기는커녕 오히려 일할 때보다 힘들었어요.
③ 가 : 어제 부탁한 일은 다 끝내셨어요?
　 나 : 다 끝내기는커녕 오늘 아침에 말씀하신 것까지 다 했어요.
④ 가 : 그 영화 볼 만해요?
　 나 : 볼 만하기는커녕 내용이 뻔해서 졸려요.

어색한 대화 : ＿＿ 번 → ______________________________

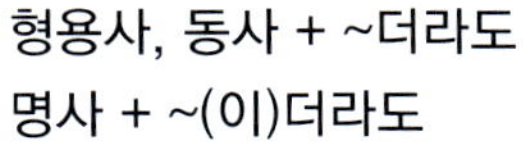 **문형연습** Pattern Practice

형용사, 동사 + ~더라도
명사 + ~(이)더라도

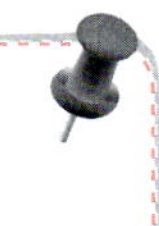

**1** 다음 중 맞는 것을 골라 〈보기〉와 같이 문장을 만드십시오.

> **보기**　여유가 없다
> ① 전화 한 통화할 시간쯤이야 있겠죠. ( ○ )
> ② 전화 한 통화할 시간도 없어요. (　　　)
> → 아무리 **여유가 없더라도** 전화 한 통화할 시간쯤이야 있겠죠.

1) 사장님의 말이 맞다.

　① 직원들의 의견을 물어보지도 않고 결정하기는 어렵겠지요. (　　)

　② 직원들이 반대해도 해야 해요. (　　)

　→ ______________________________________________

2) 돈이 없다.

　① 도둑질을 해도 돼요. (　　)

　② 도둑질을 하면 안 돼요. (　　)

　→ ______________________________________________

3) 지금 좀 힘들다.

　① 미래를 위해 열심히 일해야 해요. (　　)

　② 앞으로 더 힘들 거예요. (　　)

　→ ______________________________________________

4) 건강하다.

　① 날마다 야근을 하면 결국 건강이 나빠질 거예요. (　　)

　② 조금씩 쉬어 가면서 하면 괜찮을 거예요. (　　)

　→ ______________________________________________

5) 실수로 친구의 물건을 망가뜨렸다.

　① 진심으로 사과하면 친구가 용서해 줄 거예요. (　　)

　② 진심으로 사과하면 친구가 화를 낼 거예요. (　　)

　→ ______________________________________________

**2** '~더라도'를 사용해서 대화를 완성하십시오.

> **보기**
> 가 : 어제는 너무 지쳐서 화장도 못 지우고 그냥 자 버렸어요.
> 나 : **아무리 피곤하더라도** 세수는 하고 자야죠.

1) 가 : 집 보러 오는 사람은 많은데 자꾸 값을 깎아 달라고 해서 못 팔고 있어요.

   나 : _______________________________ 사겠다는 사람이 있을 때 파세요. 앞으로 집값이 계속
   떨어진대요.

2) 가 : 아이들을 때린 어린이집 교사가 경찰에 잡혔대요.

   나 : _______________________________ 폭력을 쓴 것은 이해할 수 없어요.

3) 가 : 건강 검진 결과, 모두 정상이래요. 기분도 좋은데 오늘 술 한 잔 할까요?

   나 : 지금은 _______________________________ 그렇게 술을 마시면 나중에 건강이 나빠질 테니
   까 신경 좀 쓰세요.

4) 가 : 어떤 10대 소년이 편찮으신 어머니 약을 훔치다가 경찰에 잡혔대요.

   나 : _______________________________ 도둑질은 나쁜 거죠.

5) 가 : 시간이 늦었으니 남은 일은 내일하고 그단 퇴근합시다.

   나 : _______________________________ 이 일은 반드시 끝내야 해요.

6) 가 : 엄마, 우리 집 형편도 어려운데 저는 대학을 포기할래요.

   나 : _______________________________ 대학은 꼭 보내 줄 테니까 걱정하지 마.

명사 + ~못지않다

**1** '~못지않다'를 사용해서 〈보기〉와 같이 문장을 완성하십시오.

> 보기    미나 씨는 정말 노래를 잘해요. 노래 실력이 **가수 못지않아요**.

1) 어릴 때 좋아하던 가수가 있었는데 쇼 프로그램 MC가 되어 ___________________ 진행을 잘 하는 모습을 보고 더 좋아하게 됐어요.

2) 우리 딸은 ___________________ 활동적이고 운동을 좋아한다.

3) 카나 씨도 예쁘지만 카나 씨 동생도 ___________________ 미인이다.

4) 우리 할아버지는 팔순이 넘으셨지만 ___________________ 건강하세요.

5) 요즘 ___________________ 잘생긴 운동선수들이 많아요.

6) 그녀는 출판계에서 꽤 유명한 번역가로, ___________________ 독자들로부터 사랑을 받고 있다.

7) 그 여배우는 곧 오십이 다 되어 가지만 피부만은 ___________________ 팽팽하다.

8) 민수 씨와 스티브 씨는 친구인데 ___________________ 사이가 좋아요.

**2** 다음 중 어색한 문장을 골라 바르게 고치십시오.

> ① **영화배우 못지않게** 예쁜 사람은 우리 이모예요.
> ② 나이가 60세가 넘으셨는데 **20, 30대 못지않은** 좋은 피부를 유지하고 계세요.
> ③ 이모께 비결을 물었더니 꾸준히 운동을 하는 게 중요하고 **그것 못지않게** 중요한 게 식습관이래요.
> ④ 특히 라면 등의 인스턴트 음식은 **피부에 못지않게 안 좋으니까** 절대 입에 대지 않으신대요. 정말 대단하죠?

어색한 문장 : ___ 번 → _______________________________________

**1** 다음은 '식(食)'이 포함된 단어입니다. 빈칸에 알맞은 단어를 골라 문장을 완성하십시오.

| 소식 | 채식 | 시식 | 폭식 | 과식 |
|---|---|---|---|---|

1) 백화점이나 할인마트 식품 코너에서는 여러 가지 음식을 __________할 수 있는데 직접 먹어 보고 나서 살 수 있기 때문에 아주 좋다.

2) 세계에는 장수하는 사람들이 많은 마을이 있다. 이 마을 사람들의 공통점은 식사를 여러 번 나누어서 하고 __________을 한다는 점이다.

3) 최근에는 건강에 대한 관심이 높아지면서 고기를 먹지 않고 채소나 과일만을 먹는 __________ 주의자가 늘어나고 있다.

4) 건강에도 다이어트에도 제일 안 좋은 게 음식을 많이 먹는 __________, 계속 안 먹다가 갑자기 음식을 많이 먹는 __________입니다.

**2** 다음을 보고 각 운동의 이름을 〈보기〉에서 골라 쓰십시오.

| 보기 | 마라톤 | 수영 | 역도 | 윗몸 일으키기 | 자전거 타기 | 턱걸이 |
|---|---|---|---|---|---|---|

1) __________

2) __________

3) __________

4) __________

5) __________

6) __________

**3** 다음은 무산소 운동과 유산소 운동에 대한 설명입니다.
알맞은 단어를 골라 문장을 완성하고, 각각의 예를 앞의 **2**에서 찾아 쓰십시오.

1) 무산소 운동

: 운동에 필요한 에너지를 산소(없이 / 의 공급을 받아) 하는 운동
호흡이 힘들기 때문에 2, 3분 정도밖에 할 수 없는 (장시간 / 단시간) 운동

예 ____________________, ____________________, ____________________

2) 유산소 운동

: 운동에 필요한 에너지를 산소(없이 / 의 공급을 받아) 하는 운동
보통 30분 이상 할 수 있는 (장시간 / 단시간) 운동

예 ____________________, ____________________, ____________________

🎧 **듣기 2** Listening 2

**1** 다음은 어떤 단어에 대한 설명입니까? 〈보기〉에서 골라 쓰십시오.

| 보기 | 치매 | 해마 | 소화 불량 | 군것질 | 편두통 | 통증 | 불면증 |
|------|------|------|-----------|--------|--------|------|--------|

1) ____________ : 사람의 뇌 속에 기억력을 담당하는 부분

2) ____________ : 음식을 먹은 후에 소화가 잘 안 되는 것

3) ____________ : 한 쪽 머리만 아픈 것

4) ____________ : 식사 외에 먹는 과자, 과일, 아이스크림 등

5) ____________ : 방금 한 일이나 오래 전부터 알고 있었던 것을 기억하지 못하는 병
보통 젊은 사람보다는 노인들이 많이 걸린다.

6) ____________ : 몸이 느끼는 아픔

7) ____________ : 스트레스나 걱정 때문에 잠을 자지 못하는 것

**쓰기** Writing

**1** 〈보기〉에서 알맞은 단어를 골라 대화를 완성하십시오.

| 보기 | 매출 | 성형 | 탈모 | 여드름 | 질환 | 세안 | 노화 |
|---|---|---|---|---|---|---|---|

1) 가 : 6개월 전부터 우리 회사 ________ 이/가 계속 떨어지고 있대요.

　　나 : 그래서 사장님 표정이 그렇게 어두우시군요.

2) 가 : 요즘 시험 때문에 스트레스를 받아서 그런지 얼굴에 ________ 이/가 너무 많이 나서 고민이에요.

　　나 : 저는 ________ 이/가 생겨서 머리가 계속 빠져요.

　　가 : 우리 같이 병원이라도 가 봐야 하는 거 아니에요?

3) 가 : 처음 압구정 역에 내렸을 때 ________ 외과가 많아서 깜짝 놀랐어요.

　　나 : 맞아요. 요즘은 한국인뿐만 아니라 외국인도 많이 방문한대요.
　　　　예뻐지고 싶은 마음은 국적에 관계없는 건가 봐요.

4) 가 : 일주일에 소주 3병 이상, 한 번 마실 때 한 병 이상 마시는 사람은 그렇지 않은 사람에 비해
　　　　간 ________ 에 걸릴 확률이 1.5배나 높대요.

　　나 : 분위기에 따라 술을 적당히 마시는 건 나쁘다고 할 수 없지만 과음은 항상 주의해야겠죠.

5) 가 : 좋은 피부를 유지하고 싶다면 토마토를 많이 먹으래요.

　　나 : 저도 그런 얘기를 들은 적이 있어요.
　　　　토마토의 빨간색을 내는 성분이 ________ 방지에 효과적이라고요.

6) 가 : 매일 사용하는 비누나 폼 클렌징 등의 ________ 제품이 피부를 나빠지게 할 수 있대요.

　　나 : 맞아요. 특히 지성 피부인 사람은 절대 클렌징 오일을 쓰지 말라고 하던데요.
　　　　오일 성분이 땀구멍을 막을 수도 있고 피부를 더 지성으로 만들기도 한대요.

다음은 우리가 자주 먹는 음식에 대한 건강 정보입니다. 잘 읽고 다음 질문에 답하십시오.

◆ **옥수수는 1)** _________________________.

최근, 뉴욕 코넬 대학교 과학자들은 옥수수를 통조림으로 만드는 과정에서 열처리를 하면서 항산화 물질이 보통 옥수수보다 44%나 더 많아진다는 사실을 알아냈다. 항산화 물질은 노화를 막아 주는 물질이다.

◆ **감자는 2)** _________________________ **먹어라.**

감자를 요리하면 녹말이 분해되어 쉽게 소화할 수 있는 상태가 된다. 그런데 감자가 식으면 녹말이 강하고 딱딱하게 변한다. 이 딱딱한 녹말은 변비에 효과적이다. 영국의 한 연구에 따르면 요리한 감자에는 딱딱한 녹말이 7% 있는데 차게 하면 13%로 늘어난다고 한다.

◆ **3)** _________________________ **요리하지 마라.**

올리브유에는 오메가6가 풍부하다. 오메가6는 심장병, 관절염을 예방한다. 그러나 올리브유는 다른 기름보다 끓기 시작하는 온도가 낮다. 기름은 끓기 시작하면 우리 몸의 노화를 빠르게 만드는 활성산소를 만들기 시작한다. 그러므로 높은 온도에서 요리를 할 때 올리브유를 쓰는 것보다 드레싱이나 양념용으로만 쓰는 것이 좋다.

◆ **당근을 요리해야 한다면 찌지 말고 4)** _________________________.

이탈리아 과학자들은 생 당근과 찐 당근, 끓인 당근을 비교한 결과, 찐 당근보다 끓인 당근에 카로티노이드가 많다는 사실을 알아냈다. 카로티노이드는 우리 몸에 들어가 면역력을 강하게 하고, 피부와 눈, 모발의 건강을 돕는다. 당근 100g을 기준으로 했을 때 카로티노이드는 생 당근에는 31mg, 끓인 당근에는 28mg, 찐 당근에는 19mg이 들어있다.

◆ **차는 적어도 5)** _________________________ **우려라.**

차에 있는 폴리페놀은 심장을 지켜 주는 물질이다. 폴리페놀은 차가 뜨거울 때 나오는 것이므로, 뜨거운 물을 붓고 1~4분은 기다려야 한다.

◆ **파스타는 6)** _________________________.

살짝 덜 익힌 딱딱한 파스타는 씹고 소화하는 데 시간이 오래 걸리기 때문에 포만감을 오래 느끼게 해 주므로 다이어트에 도움을 준다. 제품 설명에 적혀 있는 시간보다 2, 3분 정도 덜 익히면 된다.

◆ **바나나는 7)** _________________________ **때 먹어라.**

바나나는 익은 정도에 따라 우리 몸에 흡수되는 칼로리 양이 차이가 난다. 녹색 띠는 덜 익은 바나나일수록 섬유질이 많고 소화 시간이 오래 걸려 우리 몸에 흡수되는 칼로리가 낮아진다.

**1** 내용에 맞게 밑줄 친 부분에 알맞은 내용을 써서 제목을 완성하십시오.


**2** 글의 내용과 같으면 ○, 다르면 ×에 표시하십시오.

1) 옥수수 통조림에는 노화를 막아 주는 물질이 보통 옥수수보다 많다. (○, ×)

2) 찬 감자보다 따뜻한 감자가 변비에 효과적이다. (○, ×)

3) 올리브유는 높은 온도의 요리에 사용하지 달고 그냥 먹는 게 좋다. (○, ×)

4) 끓인 당근, 찐 당근 중 찐 당근에 카로티노이드가 더 풍부하다. (○, ×)

5) 차에 들어있는 폴리페놀은 간에 좋은 물질이다. (○, ×)

6) 다이어트를 하고 싶으면 파스타를 오래 익혀야 한다. (○, ×)

7) 녹색 바나나가 노란 바나나보다 다이어트에 좋다. (○, ×)


**3** 여러분이 알고 있는 건강 정보가 있으면 소개해 봅시다.

**1**  '건강'을 주제로 두 사람이 대담을 나누고 있습니다. 〈보기〉에서 알맞은 것을 골라 대담을 완성하십시오.

| 보기 | ~더라도 | ~못지않다 | ~커녕 | 무산소 운동 | 유산소 운동 | 위생 |
| --- | --- | --- | --- | --- | --- | --- |
| | 유지하다 | 작심삼일 | 적응하다 | 체력 | 호흡 | |

남자 : 요즘 건강을 위해서 운동을 시작하는 사람들을 많이 볼 수 있습니다. 하지만 1) __________ (으)로 끝나는 경우가 대부분인데요. 많은 사람들이 자신의 2) ____________을/를 고려하지 않고 어려운 운동을 처음부터 무리하게 하는 경우가 많기 때문입니다. 운동의 목적이 살을 빼기 위한 것이라면 자전거 타기나 오래 걷기 같은 3) ____________을/를, 근력을 키우기 위한 것이라면 윗몸 일으키기나 단거리 달리기 같은 4) ____________을/를 선택해서 조금씩 강도를 높여 가며 운동하는 것이 좋습니다. 또한 날씨가 5) ____________ 실제로는 공기 중의 미세먼지가 많을 수도 있으니 야외 운동을 하려면 반드시 미세먼지 지수를 먼저 확인하는 게 좋습니다.

여자 : 네. 맞는 말씀입니다. 건강해지려고 무조건 운동만 하는 건 바람직하지 않지요. 야외 운동 중에 미세먼지가 6) __________을/를 통해서 우리 몸으로 들어가면 7) ____________ 오히려 면역력이 떨어지거나 심하면 병에 걸릴 수도 있으니까요. 알맞은 운동 계획을 세워 건강을 8) ____________ 것도 중요하지만 운동과 휴식의 균형을 맞추는 것도 필요합니다. 운동 9) ____________ 휴식도 중요하니까요.

**2**  다음 빈칸에 알맞은 것을 고르십시오.

1) 우리 아버지는 워낙 어려운 일을 많이 겪어서 웬만한 일에는 __________.

① 눈이 높다  ② 눈이 낮다
③ 눈도 깜짝하지 않는다  ④ 눈에 띈다

2) 처음엔 한국에 친구 하나 없었던 스티브 씨가 지금은 우리 반에서 가장 사교성도 좋고 __________ 사람이 되었어요.

① 손이 큰  ② 손이 매운  ③ 발을 뻗고 자는  ④ 발이 넓은

3) 우리 집 강아지는 처음 본 사람에게는 심하게 짖지만 ________ 잘 따라요.

① 낯이 두꺼우면  ② 낯이 설면  ③ 낯이 익으면  ④ 낯을 못 들면

4) 군것질을 많이 하면 살찐다는 말을 __________ 끊기가 어려워요.

① 귀가 닳도록 들었지만  ② 어깨가 무겁지만
③ 입이 무겁지만  ④ 입에 침이 마르지만

# UNIT 05 봉사

 **단어** Vocabulary

### 🎬 대화
- 양로원
- 망설이다
- 주 5일제 근무
- 뿌듯하다
- 어르신
- 상대

### 📖 어휘
- 불우 이웃
- 이재민
- 장애인
- 독거노인
- 결식아동
- 저소득층
- 고아원
- 지원하다
- 기부하다
- 기증하다
- 모금하다

### 📖 읽기
- 남매
- 수녀원
- 내전
- 끔찍하다
- 적대감
- 배려
- 뻗어나가다
- 수여하다
- 나환자
- 구호소
- 기금
- 악화되다
- 진통제
- 위독하다
- 심장마비
- 전염시키다

### ✏️ 쓰기
- 한센병
- 말리다
- 대장암
- 롤 모델

### 🏷️ Jump page
- 하마터면
- 설마
- 과연
- 제대로
- 흔히
- 더구나
- 오히려
- 반드시

### 📑 문법
- 얼마나 ~(으)ㄴ/는지 모르다/알다
- ~고 보니(까)
- ~(으)ㄴ/는 김에

**1** 다음 단어의 의미를 찾아 연결하십시오.

| | |
|---|---|
| 1) 양로원 • | • ㉮ 도움이 필요한 사람들을 위해 돈을 받지 않고 일하는 것 |
| 2) 입사 • | • ㉯ 직장에서 월요일부터 금요일까지 일하고 주말은 쉬는 것 |
| 3) 봉사 활동 • | • ㉰ 부모님의 친구나 부모님보다 나이가 많은 어른을 높여 부르는 말 |
| 4) 어르신 • | • ㉱ 가족이 없거나 혼자 사는 노인들을 보호하는 시설 |
| 5) 주 5일제 근무 • | • ㉲ 회사에 취직해서 들어감 |

**2** 빈칸에 알맞은 단어를 〈보기〉에서 골라 쓰십시오.

| 보기 | 양로원 | 입사 | 봉사 활동 | 망설여지다 |
|---|---|---|---|---|
| | 기업 | 개인적으로 | 뿌듯하다 | 서투르다 |

  올해로 한국 회사에 1) _______________ 한 지 3년이 되었다. 우리 회사는 냉장고나 TV 같은 가전제품을 만드는 2) _______________ 인데 1년에 한 번 크리스마스 때가 되면 노인들이 계신 3) _______________ (이)나 병원 같은 곳에 무료로 가전제품을 설치해 드리는 4) _______________ 을/를 하러 간다. 처음에는 회사 일과 직접 관계도 없는데 내가 꼭 가야 하나 5) _______________ 기뻐하시는 할아버지, 할머니들의 얼굴을 보니 너무 6) _______________ 매년 가게 되었다. 나는 외국인이라서 한국어가 좀 7) _______________ 할아버지, 할머니들께서는 내가 한국말로 말을 걸면 한국말을 너무 잘한다고 칭찬도 해 주시고 손자 같다고 귀여워해 주신다. 회사에 다니느라 시간도 없고 방법도 잘 몰라서 8) _______________ 봉사 활동을 하지는 못하지만 이렇게 회사에서 단체로 봉사 활동을 할 수 있는 기회가 매년 있어서 너무 좋다.

## 문형연습 Pattern Practice

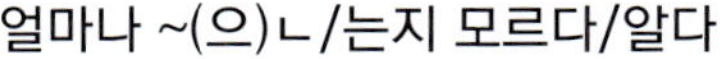

얼마나 ~(으)ㄴ/는지 모르다/알다

**1** 〈보기〉와 같이 '얼마나 ~(으)ㄴ/는지 모르다/알다'를 사용해서 문장을 바꾸십시오.

> **보기** 우리 형은 진짜 공부를 잘해요.
> → 우리 형은 **얼마나 공부를 잘하는지 몰라요.**
> → 우리 형이 **얼마나 공부를 잘하는지 알아요?**

1) 한국의 8월은 정말 후텁지근해요.

   → ___________________________________________

2) 우리 집 고양이를 안으면 너무 기분이 좋고 포근해요.

   → ___________________________________________

3) 우리 학교 동아리 중에 자원 봉사 동아리의 인기가 아주 높아요.

   → ___________________________________________

4) 한국 사람들은 정말 매운 음식을 잘 먹어요.

   → ___________________________________________

**2** 〈보기〉와 같이 '얼마나 ~(으)ㄴ/는지 모르다/알다'를 사용해서 대화를 완성하십시오.

> **보기** 가 : 한국에서 가장 유명한 관광지가 어디예요?
> 나 : 명동요. **얼마나 사람이 많은지 몰라요.**

1) 가 : 어제 영은 씨랑 노래방에 갔는데 노래를 참 잘 부르던데요.

   나 : 네, 저도 지난번에 들었는데 ___________________________.

2) 가 : 걱정하던 일은 잘 해결되셨어요?

   나 : 해결하긴 했는데 그동안 그 일 때문에 ___________________________.

3) 가 : 그때 저를 도와줘서 ___________________________.

   나 : 뭘요, 당연히 도와줘야 하는 건데요.

4) 가 : 리우 씨는 친구 사귀는 것을 참 좋아하는 것 같아요.

   나 : 네. ___________________________.

5) 가 : 어제 돌잔치 왜 안 오셨어요? 아기가 ___________________________?

   나 : 저도 정말 가고 싶었는데 못 가서 ___________________________.

## 문형연습 Pattern Practice

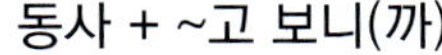

동사 + ~고 보니(까)

**1** '~고 보니(까)'를 사용해서 대화를 완성하십시오.

> 보기  가 : 우리 부서에 김미라 씨가 **알고 보니까** 사장님 따님이었어요.
> 나 : 헉! 미라 씨한테 사장님 욕을 많이 했는데 어떡하지?

1) 가 : 왜 이렇게 늦으셨어요?

　　나 : 버스가 오길래 급하게 탔는데, ＿＿＿＿＿＿＿＿＿＿ 잘못 탔더라고요.

2) 가 : 왜 잘 쓰던 편지를 찢어 버려요?

　　나 : 쓸 때는 몰랐는데 ＿＿＿＿＿＿＿＿＿ 마음에 안 들어서요.

3) 가 : 어제 거래처 사람이랑 만난다는 거 잘 됐어요?

　　나 : 네. 근데 ＿＿＿＿＿＿＿＿ 그 사람이 제 동창이었어요. 세상은 좁다더니 참 신기했어요.

4) 가 : 어제 스티브 씨와 싸우더니 화해했어?

　　나 : 응, 스티브 씨한테 ＿＿＿＿＿＿＿＿＿＿＿ 너무 했다는 생각이 들어서 결국 미안
　　　　하다고 사과했어.

5) 가 : 이제 이해했어요?

　　나 : 네. 처음에는 전혀 몰랐었는데 설명을 ＿＿＿＿＿＿＿＿＿ 이해가 되네요. 고마워요.

6) 가 : 무슨 물을 그렇게 많이 마셔요?

　　나 : 김치찌개가 안 매울 줄 알았는데 ＿＿＿＿＿＿＿＿＿ 너무 매워서 눈물이 날 정도예요.

7) 가 : 저도 ＿＿＿＿＿＿＿＿＿ 부모님이 얼마나 고생하셨는지 알겠어요.

　　나 : 맞아요, 그러니까 부모님께 잘하세요.

동사 + ~(으)ㄴ/는 김에

**1** 〈보기〉와 같이 '~(으)ㄴ/는 김에'를 사용해서 대화를 완성하십시오.

> **보기**
> 가 : 옷을 새로 사셨군요.
> 나 : 네. 먹을 거 사러 백화점에 **간 김에** 봄도 되고 해서 한 벌 샀어요.

1) 가 : 요즘에 재미있는 영화가 많다고 하던데 예매하고 보러 가야겠다.

   나 : 나도 영화 한 편 보고 싶었는데 ＿＿＿＿＿＿＿ 내 것도 예매해 줘.

2) 가 : 진짜 박 부장 때문에 더 이상 일 못하겠어. 나 그냥 이 회사 그만둘래.

   나 : 김 대리, ＿＿＿＿＿＿＿ 조금만 더 참아. 요즘 취직하기가 얼마나 힘든데. 가족들 생각도
   해야지.

3) 가 : 이번 출장은 좀 길게 다녀오셨네요?

   나 : 네, 상하이에 ＿＿＿＿＿＿＿ 베이징에도 갔다 왔어요.

4) 가 : 올해는 금연을 해 볼까 해요.

   나 : 그럼 담배를 ＿＿＿＿＿＿＿ 술도 끊는 건 어때요?

5) 가 : 소포 보내러 우체국에 가는데 부탁할 거 있어요?

   나 : 아! 그럼 ＿＿＿＿＿＿＿ 기념우표 좀 사다 주세요.

6) 가 : 이번에 ＿＿＿＿＿＿＿ 핸드폰 케이스도 사려고요.

   나 : 네? 지난달에 핸드폰을 바꿨는데 또 사요?

7) 가 : 어머! 소라 씨! 오랜만이에요! 학원에 웬일이에요?

   나 : ＿＿＿＿＿＿＿ 선생님 생각이 나서 와 봤어요. 잘 지내셨죠?

**2** 다음 속담의 의미는 무엇일까요? 이야기해 보십시오.

1) 떡 본 김에 제사 지낸다.

   → ＿＿＿＿＿＿＿＿＿＿＿＿＿＿＿＿＿

2) 엎어진 김에 쉬어 간다.

   → ＿＿＿＿＿＿＿＿＿＿＿＿＿＿＿＿＿

3) 화난 김에 돌부리 찬다.

   → ＿＿＿＿＿＿＿＿＿＿＿＿＿＿＿＿＿

**1** 다음은 마더 테레사에 대한 글입니다. 알맞은 단어를 골라 문장을 완성하십시오.

1) 마더 테레사는 1910년 마케도니아에서 태어나 행복한 어린 **생활 / 시절**을 보냈다.

2) 1929년부터 인도의 가톨릭 학교 선생님으로 일하게 되는데 당시 인도는 종교 **갈등 / 악화**와/과 내전을 겪고 있었다.

3) 1965년 마더 테레사가 설립한 '사랑의 선교회'는 로마 **교황청 / 위원회**에서 인정을 받았다.

4) 1979년 마더 테레사는 노벨평화상을 **수상 / 시상**했다.


**2** 다음의 주어진 표현을 연결하여 문장을 완성하십시오.

> 보기　마더 테레사 / 모든 것이 부족하다 / 늘 긍정적이다
> → **마더 테레사는 모든 것이 부족했지만 늘 긍정적이었다.**

1) 사랑의 선교회 / 빠른 속도로 뻗어나가다 / 여러 나라에 세워지다

　　→ ＿＿＿＿＿＿＿＿＿＿＿＿＿＿＿＿＿＿＿＿＿＿＿＿＿ .

2) 마더 테레사 / 심장병으로 입원하다 / 가난한 사람들을 생각하다 / 진통제를 먹지 않다

　　→ ＿＿＿＿＿＿＿＿＿＿＿＿＿＿＿＿＿＿＿＿＿＿＿＿＿

　　＿＿＿＿＿＿＿＿＿＿＿＿＿＿＿＿＿＿＿＿＿＿＿＿＿ .

3) 마더 테레사 / 가난한 사람들 / 평생을 살다

　　→ ＿＿＿＿＿＿＿＿＿＿＿＿＿＿＿＿＿＿＿＿＿＿＿＿＿ .

**1** 〈보기〉에서 알맞은 단어를 골라 대화를 완성하십시오.

| 보기 | 의대 | 말리다 | 유일하다 | 일생을 바치다 | 개선하다 | 롤 모델 |

사회자 : 안녕하십니까, 오늘은 '20대가 가장 존경하는 인물'로 뽑히신 의사 김인수 박사님을 모셨습니다. 안녕하세요. 선생님.

김인수 : 안녕하십니까.

사회자 : 먼저 어떻게 의사라는 직업을 선택하시게 됐는지 여쭤 볼게요.

김인수 : 저는 원래 음악가가 되고 싶었습니다. 그런데 부모님께서 예술가의 길은 너무 힘든 일이라면서 1) ________________. 항상 제 편이 되어 주셨던 부모님의 반대에 조금 충격을 받기도 했습니다.

사회자 : 그러셨군요.

김인수 : 그러다 우연히 슈바이처 박사에 대한 다큐멘터리를 보게 되었는데 큰 감동을 받았습니다. 그래서 슈바이처 박사 같은 사람이 되어야겠다고 마음을 먹고 2) ________________에 입학을 하게 됐습니다.

사회자 : 그럼 슈바이처 박사가 선생님의 3) ________________(이)라고 말할 수 있겠군요?

김인수 : 맞습니다. 그분을 따라가려면 아직도 멀었지만요.

사회자 : 겸손한 말씀이시네요. 슈바이처 박사가 아프리카 사람들을 위해 4) ________________ 것처럼 김인수 박사님도 30대부터 아프리카에서 봉사 활동을 하시지 않았습니까? 원래 취미를 살려 피아노 연주회도 여셔서 모금 활동을 많이 하시는 것도 슈바이처 박사와 닮으셨습니다. 아마 국내에서는 의사 일을 하건서 클래식 음악 CD를 내신 분은 김인수 박사님이 5) ________________ 것 같습니다.

김인수 : 아이고, 부끄럽습니다. 앞으로 아프리카뿐만 아니라 국내에서도 도움이 필요한 분들의 환경을 6) ________________ 수 있도록 최선을 다하겠습니다.

다음 기사를 읽고 질문에 답하십시오.

**한국 스타들 네팔 지진 돕기 기부, 봉사 활동 줄을 이어**

EK일보 김현정 기자

네팔에서 규모 7.8의 대지진이 발생해 네팔뿐만 아니라 중국, 인도, 파키스탄, 방글라데시 등에서 6,200명 이상이 사망하고 많은 부상자가 발생했다. 구조 활동이 계속되고 있지만 여진도 계속되고 있고 우기가 시작되어 전염병 발생도 우려되고 있다. 이러한 네팔의 안타까운 소식이 전해지자 국내에서는 네팔 대지진 피해자를 돕기 위한 연예인들의 봉사 활동과 기부가 줄을 잇고 있다. 중견 배우 A씨는 월드비전(World Vision)에 1억 원을 기부하면서 "네팔 지진 소식을 접하고 가장 고통받을 아이들을 생각하니 보고만 있을 수 없었다."고 말했다. A씨는 2005년 파키스탄 지진 피해 복구를 위해 1억 원을 기부했으며 2010년 아이티 대지진 때는 직접 아이티를 찾아가 봉사 활동을 하기도 했다.

MC로 활발하게 활동하고 있는 B씨는 동료들과 함께 네팔 어린이 돕기 바자회를 열어 2,500만 원을 기부했다. 가수 C씨와 배우 D씨도 각각 3,000만 원을 기부하며 지진으로 가족과 친구를 잃고 큰 슬픔에 잠긴 네팔 국민에게 조금이나마 힘이 되면 좋겠다고 말했다. 이들의 소속사도 함께 1,000만 원을 기부했다. 피겨 여왕 E씨는 네팔 어린이를 돕기 위해 10만 달러(약 1억 700만 원)를 기부했다. E씨가 기부한 돈은 유니세프(Unicef)를 통해 지진 피해 어린이들의 영양, 위생, 보호 사업을 위해 쓰일 예정이다. E씨는 자신의 트위터에 유니세프(Unicef) 홈페이지를 소개하고 함께 지진 복구를 위한 정성을 모아 달라고 부탁하는 등 지진 피해 어린이 돕기에 나서고 있다.

이번에 네팔에서 발생한 지진은 규모 7.8의 대지진으로 지난 1934년 네팔-비하르 지진 이후 가장 강한 지진이다. 이 지진으로 인해 카트만두 더르바르 광장과 같은 여러 유네스코 세계유산이 파괴되었고 에베레스트 산에도 눈사태가 발생해 큰 피해가 났다.

**1** 네팔 지진의 규모는 몇이었습니까? 이 지진으로 피해를 입은 나라는 어디입니까?

---

**2** 한국 스타들은 네팔을 돕기 위해 어떤 활동을 했습니까?

1) A씨 :

2) B씨 :

3) C, D씨 :

4) E씨 :

**3** 위와 같이 자연 재해로 큰 피해를 입은 사례를 알고 있습니까? 피해 복구나 이재민 돕기를 위해 어떤 활동이 있었습니까? 소개해 주십시오.

**1** 다음 문장에 어울리지 <u>않는</u> 단어를 찾고 〈보기〉에서 알맞은 것을 골라 고쳐 쓰십시오.

| 보기 | 거부하다 | 결식아동 | 롤 모델 | 뿌듯하다 | 양로원 |
|---|---|---|---|---|---|
| | 이재민 | 장애인 | 저소득층 | 전염시키다 | |

1) 성공한 사업가 김○○ 씨는 어렵게 공부하는 청년들을 위해 모교의 장학 재단에 매년 거액의 장학금을 모금하고 있다.

( 모금하고 → 기부하고 )

2) 이번 지진으로 인해서 집과 일터를 잃은 독거노인이 많이 생겨났다.

(        →        )

3) 지카(ZIKA) 바이러스는 모기가 감염되는 질병으로, 열과 함께 몸에 붉은 점이 생기거나 관절통이나 두통 등의 증상이 함께 나타날 수 있다.

(        →        )

4) 자식들이 있음에도 불구하고 고아원에서 생활하는 어르신들이 많아졌다고 해요.

(        →        )

5) 제 대학교 입학식에 오신 부모님께서 저를 보시며 정말 망설여하셨어요.

(        →        )

**2** 다음 밑줄 친 부분과 의미가 같은 것을 고르십시오.

1) 무설탕 음료라고 해서 <u>마시고 보니</u> 단맛을 내는 첨가물이 들어 있었어요.

　① 마셨으니까　　　　　　　　　　② 마신 후에 확인했더니
　③ 마시고 나서　　　　　　　　　　④ 마셨다고 해도

2) 다리를 다쳐서 치료를 <u>받는 김에</u> 건강 검진도 신청하려고요.

　① 받는 길에　　　② 받은 채로　　　③ 받는 기회에　　　④ 받길래

3) '울지마 톤즈'라는 영화를 보고 <u>얼마나 울었는지 몰라요</u>.

　① 너무 많이 울었어요.　　　　　　② 우는 게 당연해요.
　③ 우는 둥 마는 둥 했어요.　　　　④ 울기 일쑤였어요.

 ## 단어 Vocabulary

### 📺 대화
- 거래처
- 정체
- 꼼짝(도) 못하다
- 혹시
- 부딪히다
- 일단
- 근사하다

### 📖 어휘
- 삼거리
- 교차로
- 횡단보도
- 인도
- 신호등
- 승객
- 보행자
- 혼잡하다
- 교통정리를 하다
- 단속을 하다
- 줄을 서다

### 📝 문형 연습
- 분실하다
- 베풀다

### 🎧 듣기
- 귀성
- 귀경
- 극심하다
- 꼴불견
- 주정 부리다
- 쩍
- 벌리다

### ✏️ 쓰기
- 차지하다
- 개선
- 방안

### 🏷️ Jump page
- 부딪치다
- 반듯이
- 반드시
- 식히다
- 시키다
- 부치다
- 붙이다
- 달이다
- 다리다
- 저리다
- 절이다
- 가르치다
- 가리키다
- 벌이다
- 벌리다
- 너머
- 맏이
- 맞이하다
- 묻히다
- 무치다

### 📘 문법
- ~는 바람에
- ~(으)ㄹ걸 (그랬다)
- ~(으)ㄹ 지경이다

**1** 다음 설명과 예문을 잘 읽고 맞는 단어를 〈보기〉에서 골라 쓰십시오.

| 보기 | 거래처 | 정체 | 꼼짝도 못하다 | 눈이 빠지다 |
|---|---|---|---|---|
| | 혹시 | 부딪히다 | 일단 | 근사하다 |

보기 상품을 사고팔거나 돈을 주고받는 관계에 있는 곳 :  거래처

예 가 : 오늘 사장님 표정이 왜 저러셔?

나 : 어제 거래처에 갔다 오신 일이 잘못됐나 봐.

1) 몸을 조금도 움직일 수 없다. : 

예 내일이 월말시험이라 ＿＿＿＿＿＿＿ 앉아서 공부만 하고 있다.

2) ① 만약, 만일, ② 확실하지 않은 의견을 망설이면서 말할 때 : 

예 김 선생님이 이렇게 오랫동안 학교를 나오지 않다니 ＿＿＿＿＿＿＿ 어디가 아프신 게 아닌지 걱정이 된다.

3) (어떤 사물이 다른 사물에, 또는 둘 이상의 사물이) 매우 강하게 가서 닿다. : 

예 차 앞부분이 버스에 ＿＿＿＿＿＿＿ 일부가 깨졌다.

4) ① 우선 먼저, ② 우선 잠깐 : 

예 두 번째 문제는 ＿＿＿＿＿＿＿ 뒤로 미루고 세 번째 문제를 생각해 보자.

5) 꽤 괜찮다, 훌륭하다. : 

예 너 그렇게 화장을 하고 옷도 예쁘게 입으니까 참 ＿＿＿＿＿＿＿.

6) 도로가 많은 차량으로 막혀 원활하게 소통이 되지 않음. : 

예 고속도로 하행선은 추석 귀성객의 차량으로 ＿＿＿＿＿＿＿이/가 계속되고 있다.

7) 몹시 애타게 오래 (기다리다) : 

예 산속에서 길을 잃은 우리들은 3일 동안 아무것도 먹지 못한 채 구조대가 빨리 오기만을 ＿＿＿＿＿＿＿ 기다렸다.

**1** 서로 관련있는 것끼리 연결하고 '~는 바람에'를 사용해서 문장을 완성하십시오.

| | |
|---|---|
| 보기 지갑을 잃어버리다 • | • ㉮ 벌금을 물다 |
| 1) 여자 친구와 헤어지다 • | • ㉯ 부모님이 걱정을 하다 |
| 2) 그 부부가 늘 싸우다 • | • ㉰ 딸이 가출을 하다 |
| 3) 동생이 늦게 들어오다 • | • ㉱ 취하도록 마시다 |
| 4) 교통 신호를 어기다 • | • ㉲ 점심도 굶다 |

> 보기  지갑을 **잃어버리는 바람에** 점심도 굶었다.

1) ______________________________________

2) ______________________________________

3) ______________________________________

4) ______________________________________

**2** 〈보기〉와 같이 '~는 바람에'를 사용해서 문장을 완성하십시오.

> 보기  급하게 먹다 / 체하다
> → 급하게 **먹는 바람에** 체했다.

1) 버스를 잘못 타다 / ______________

→ ______________________________________

2) 그가 너무 화를 내다 / ______________

→ ______________________________________

3) 방에서 많은 사람들이 담배를 피우다 / ______________

→ ______________________________________

4) 바람이 세게 불다 / ______________

→ ______________________________________

5) 눈이 오다 / ______________

→ ______________________________________

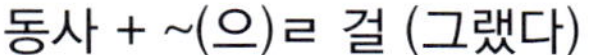

동사 + ~(으)ㄹ 걸 (그랬다)

**1** '~(으)ㄹ 걸 (그랬다)'을 사용해서 문장을 완성하십시오.

> 보기  돈이 많이 든 지갑을 잃어버렸어요. **좀 더 조심할 걸 그랬어요**.

1) 여행 가고 싶은데 통장에 돈이 하나도 없어요.

   아르바이트를 해서 돈을 좀 ________________________.

2) 차례를 지내고 친척들과 제사 음식을 나눠 먹었는데 좀 부족했어요.

   음식을 더 많이 ________________________.

3) 어제 동료한테 화를 내 버렸어요. 지금 생각하니까 제가 지나쳤던 것 같아요.

   ________________________.

**2** 다음은 무엇을 후회하고 있습니까? 〈보기〉와 같이 '~(으)ㄹ 걸 (그랬다)'을 사용해서 쓰십시오.

> 보기  가 : 숙제 다 했어요?
> 나 : 아니요, 생각보다 어렵네요. **빨리 시작했으면 좋았을 걸**.

1) 가 : 주말에 에버랜드에 갔다면서요?

   나 : 네. 근데 어린이날이라서 그런지 사람이 너무 많더라고요. 차도 많이 막히고요.

   ________________________.

2) 가 : 여보, 이번 달 생활비가 모자라는데 어떡하죠?

   나 : 그러게요. ________________________.

3) 가 : 앗! 은행에 가서 돈을 찾으려고 했는데 벌써 문을 닫아 버렸네!

   나 : 어! 나도 가야 되는데. ________________________.

4) 가 : 아이들이 아프다면서요? 괜찮아요? 어디가 아픈 거예요?

   나 : 독감이래요. ________________________.

5) 가 : 어제는 왜 그렇게 술을 많이 마셨어요?

   나 : 아이고…… 안 그래도 지금 속이 너무 안 좋아요. ________________________.

6) 가 : 오빠! 오늘 엄마 생신인 거 알았어? 우리 아무것도 준비 못 했잖아!

   나 : 헉! ________________________.

**1** 〈보기〉와 같이 '~(으)ㄹ 지경이다'를 사용해서 문장을 완성하십시오.

> 눈을 감고도 찾아갈 수 있다        가사를 모두 외우다        배꼽이 빠지다
>
> 화장실 가는 시간도 아깝다        배가 등에 닿다          발소리만 들어도 알다
>
> 말이 안 나오다               천장에 닿다

> **보기**   하도 자주 다녀서 **눈을 감고도 찾아갈 수 있을 지경이다**.

1) 친구랑 8년 동안 같은 집에서 살다 보니 이제는 ________________________________.

2) 그 노래를 하도 많이 들어서 ________________________________.

3) 한번 읽기 시작한 책이 너무 재미있어서 ________________________________.

4) 어제 저녁부터 끼니를 거르는 바람에 ________________________________.

5) 너무 웃겨서 ________________________________.

6) 너무 어이가 없어서 ________________________________.

7) 방 안에 책이 너무 많이 쌓여 있어서 ________________________________.


**2** 다음 문장을 완성하십시오.

1) 목이 너무 말라서 ________________________________.

2) 면접 때문에 너무 긴장해서 ________________________________.

3) ________________________________ 애가 타서 죽을 지경이에요.

4) 너무 공부를 많이 해서 ________________________________.

5) ________________________________ 답답해 죽을 지경이다.

6) 과식을 했더니 ________________________________.

**1** 다음 중 반대 의미를 가진 말을 골라 연결하십시오.

1) 귀성 • • ㉮ 단시간

2) 늘어나다 • • ㉯ 귀경

3) (교통 정체가) 극심하다 • • ㉰ 줄어들다

4) 늘리다 • • ㉱ 줄이다

5) 장시간 • • ㉲ 풀리다

**2** 〈보기〉에서 알맞은 단어를 골라 신문 기사를 완성하십시오.

| 보기 | 사흘 | 귀성 | 귀경 | 정체 | 예상되다 | 연휴 |
|---|---|---|---|---|---|---|
| | 이틀 | 자가용 | 번갈아 | ~을/를 대상으로 | | |

　　5일 간의 설날 1) ＿＿＿＿＿＿을/를 앞두고 이지티켓 사이트에 접속이 폭주하고 있다. 이지티켓은 전국의 고속버스 티켓 예매 사이트로, 기차나 비행기 표를 예매하지 못한 사람들이 고속버스 예매를 위해 이지티켓으로 모여 현재 홈페이지에 접속이 잘 되지 않는 상황이다.

　　한편 이번 설날 연휴 중 가장 2) ＿＿＿＿＿＿이/가 심한 날은 고향에 가는 3) ＿＿＿＿＿＿의 경우 18일(수요일) 오전, 서울로 올라오는 4) ＿＿＿＿＿＿의 경우 21일(토요일) 오후일 것으로 예측됐다. 한국교통연구원이 전국 9,000가구 5) ＿＿＿＿＿＿ 실시한 조사 결과, 귀성 교통량은 18일에 57.3%가 집중된다고 조사됐다. 반면 귀경은 21일이 39.5%, 22일이 41.4%로 조금 분산됐다. 시간대로 보면 설 전날인 18일 오전에 출발하겠다는 사람이 40.6%로 가장 많았다. 귀경 때는 21일 오후에 돌아오겠다는 응답이 32.9%였다. 6) ＿＿＿＿＿＿을/를 운전하고 가는 경우 서울-부산은 평균 8시간, 광주까지는 6시간 50분, 대전은 5시간으로 7) ＿＿＿＿＿＿. 반대로 귀경은 부산-서울 평균 7시간 20분, 광주-서울 5시간 30분, 강릉-서울 4시간이 걸릴 것으로 보인다. 장시간 운전은 위험하므로 두세 사람 정도가 8) ＿＿＿＿＿＿ 운전을 할 것을 권한다. 2월 18일부터 2월 20일까지 9) ＿＿＿＿＿＿ 동안 귀성 길에 오르는 사람들의 수는 2,769만 명, 설 당일에는 최대 622만 명이 이동할 것이라고 전망했다.

**1** 다음 설문조사 결과를 잘 읽고 질문에 답하십시오.

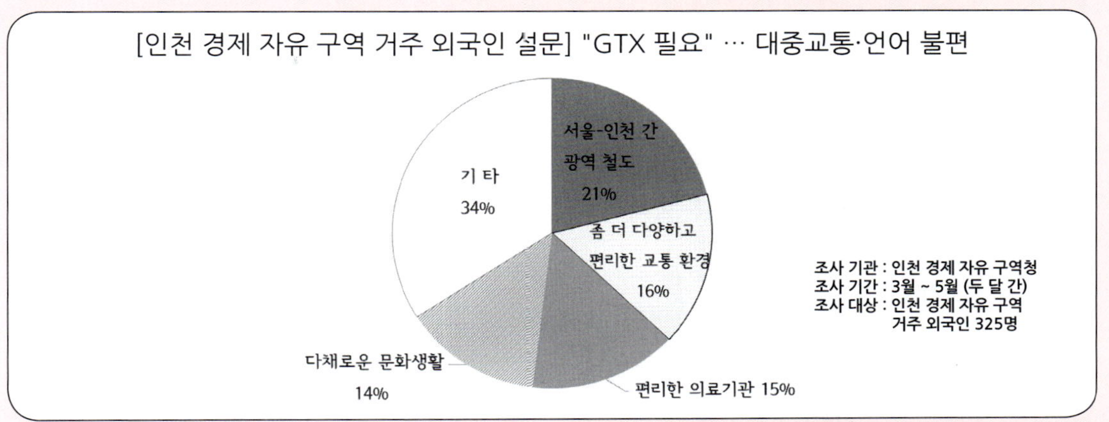


　　'인천 경제 자유 구역청'이 3월부터 5월까지 인천 경제 자유 구역에 거주하는 외국인 325명[1]**을 대상으로** '가장 필요한 서비스나 시설물은 무엇인가?'[2]**에 대해서 설문조사한 결과는 다음과 같습니다.** 먼저 '서울-인천 간 광역철도'가 필요하다는 응답이 [3]**21%로 1위였습니다.** 2위는 '좀 더 다양하고 편리한 교통 환경' 16%, 3위는 '편리한 의료기관' 15%, 4위는 '다채로운 문화생활' [4]**14%의 순이었습니다.** [5]**그 밖에** '콜택시 예약 어려움', '음식점의 외국어 메뉴판 부족', '영어 안내 방송 부족' 등의 응답**도 있었습니다.**

　　조사 결과 인천 경제 자유 구역에 거주하는 외국인들은 '수도권 광역 급행 철도(GTX)'와 같은 교통망 부족과 함께, 언어로 인한 불편함을 느끼고 있다는 것[6]**을 알 수 있었습니다.**

**1** 위의 글에서 사용된 표현의 의미를 바르게 연결하십시오.

1) ~이/가 ~을/를 대상으로 •

2) ~에 대해서 설문조사한
　결과는 다음과 같습니다. •

　　　　　　　　　　　• ㉮ 누가 누구에게 설문조사를 했는지 말할 때
　　　　　　　　　　　• ㉯ 가장 많은 응답을 말할 때

3) ~이/가 ~%로 1위였습니다. •　　• ㉰ 순서대로 말할 때

4) (다음으로) ~의 순이었습니다. •　　• ㉱ 기타 의견을 말할 때

5) 그 밖에 ~도 있었습니다. •　　• ㉲ 설문조사를 한 후 알게 된 것을 말할 때

6) 조사 결과 ~을/를 알 수
　있었습니다. •　　• ㉳ 발표를 시작하면서 조사 주제를 이야기할 때

**1 듣기 2**에 나온 표현을 사용해서 아래 설문조사 내용을 설명하는 글을 쓰십시오.

### 직장인 자출족(자전거 출퇴근족) 실태 조사

조사 기관 : 취업포털 커리어
조사 기간 : 1월 19일부터 2주간
조사 대상 : 직장인 440명

**질문 1  평소에 자전거를 타고 출근합니까?**
1) 그렇다. (30%)
2) 아니다. (70%)

**질문 2  자전거로 출퇴근하는 이유는 무엇입니까? (조사 대상: 질문 1에 '그렇다'고 대답한 응답자)**
1위 : 운동이 되기 때문에 (53.84%)
2위 : 교통비 절약을 위해서 (35.62%)
3위 : 주위를 둘러보며 생각할 시간을 가질 수 있어서 (6.69%)
기타 : 대중교통을 이용하기에 애매한 거리라서 (3.85%)

'취업포털 커리어'에서 ① ______________________________

________________________________________________

　한편 '자전거를 타고 출근한다'고 응답한 사람을 대상으로 자전거로 출퇴근하는 이유에 대해 조사한 결과는 다음과 같습니다. ② ______________________

________________________________________________

________________________________________________

________________________________________________

________________________________________________

________________________________________________

다음은 인터넷에서 '명절 증후군'에 대해서 검색한 결과입니다. 잘 읽고 질문에 답하십시오.

〈 명절 증후군 〉

대한민국에서 명절이 다가왔을 때 가사에 대한 부담이 큰 주부들이 느끼는 증상이다. 실제 병은 아니지만 심한 부담감과 피로감 때문에 두통, 허리 통증, 손목 통증 등을 느끼게 된다. 이런 증상은 평소보다 많은 음식 준비, 설거지, 장거리 운전 등을 해야 하기 때문에 생긴다.

**1** '명절 증후군'이란 무엇입니까? 여러분은 명절 증후군을 겪은 적이 있습니까?

**2** 다음은 명절 증후군에 대한 기사입니다. 알맞은 단어를 골라 기사를 완성하십시오.

　　설 연휴를 보낸 직장인을 대상으로 조사한 결과, 대부분의 직장인들은 자신이 '명절 증후군'을 겪고 있다고 답했다. 명절 증후군의 1) **원인 / 결과**은/는 다양하다. 예를 들어 교통 체증과 집안일로 인한 피로, 과식과 과음으로 인한 소화불량, 불규칙적인 수면 등을 들 수 있다. 또한, 명절 증후군의 증상으로는 피로감, 체중 2) **증가 / 감소**, 졸음, 근육통 등이 있다. 실제로 한국건강관리협회 조사에 따르면 20~60대 성인 남녀 61%가 명절 증후군이 있다고 답했다.

　　명절 증후군이 있다면 2~3시간에 한 번 정도 가벼운 스트레칭을 하거나 공원을 산책하는 것이 좋다. 수면 시간이 부족하다면 30분 3) **이상 / 미만**의 낮잠을 자는 것이 좋다. 낮에 너무 길게 낮잠을 자면 오히려 밤에 잠을 자기 힘들기 때문에 잠깐만 자는 것이 좋다. 그러나 졸릴 때 커피나 에너지 드링크 등 카페인 음료를 지나치게 마시는 것은 건강에 좋지 않다. 균형 있는 식사도 중요하다. 명절 음식에는 탄수화물과 지방, 단백질 등은 충분하지만 비타민과 미네랄이 4) **넘치는 / 부족한** 경우가 많기 때문이다. 실제로 2012년 국민건강조사를 보면 우리나라 성인의 경우 비타민과 미네랄이 부족한 경우가 많았다. 특히 여성의 경우 칼슘 부족이 73%, 리보플라빈과 비타민C 부족도 각각 50%였다. 과일, 야채를 많이 먹고 비타민 영양제를 하루에 한 알 정도 먹는 것도 좋다. 5) **단시간 / 장시간** 운전이나 명절 음식 준비로 근육통이 있다면 뜨거운 수건이나 샤워기를 이용해 마사지를 하거나 목욕을 하는 것도 괜찮다. 하지만 너무 긴 시간의 목욕이나 사우나는 오히려 피로가 심해질 수 있으므로 주의해야 한다.

**1** 〈보기〉에서 알맞은 것을 골라 대화를 완성하십시오.

| 보기 | | | |
|---|---|---|---|
| ~는 바람에 | ~(으)ㄹ 걸 | ~(으)ㄹ 지경이다 | 꼼짝도 못하다 |
| 교차로 | 극심하다 | 보행자 | 부딪히다 |
| 승객 | 접촉하다 | 정체 | 혼잡하다 |

미라　　: 다나카 씨, 무슨 일 있으셨어요? 피곤해 보이는데요.

다나카 : 말도 마세요. 주말에 머리 좀 식힐까 하고 교외로 나갔다 오려고 했는데 차가 너무 막혀서
　　　　길 위에서 1) ＿＿＿＿＿＿＿＿＿＿ 3시간 동안이나 서 있었다니까요.

미라　　: 3시간씩이나요! 2) ＿＿＿＿＿＿＿＿＿＿ 도로 위에서 오랜 시간을 보냈으니 정말 피곤
　　　　했겠네요. 그런데 왜 그렇게 막혔던 거예요?

다나카 : 나중에 들어 보니까 앞에서 사고가 3) ＿＿＿＿＿＿＿＿＿＿ 경찰들도 오고 난리가 났
　　　　었나 봐요. 승용차하고 버스가 4) ＿＿＿＿＿＿＿＿＿＿ 난 접촉 사고였대요.

미라　　: 그래요? 버스에 타고 있던 5) ＿＿＿＿＿＿＿＿＿＿들은 많이 다치지 않았나요?

다나카 : 큰 사고는 아니어서 다친 사람은 없었나 봐요. 그래도 경찰들이 사고 지역을 정리하느라
　　　　시간이 걸려서 계속 6) ＿＿＿＿＿＿＿＿＿＿ 됐어요.

미라　　: 그래도 인명 피해가 없어서 다행이네요. 그나저나 피곤해서 어디 구경도 잘 못하셨겠네요.

다나카 : 네. 저녁이 다 돼서 도착했을 땐 졸려서 7) ＿＿＿＿＿＿＿＿＿＿. 근처에 차를 세워 놓
　　　　고 자다가 왔다니까요. 이럴 줄 알았으면 그냥 집에 8) ＿＿＿＿＿＿＿＿＿＿.

**2** 다음 문장에서 <u>틀린</u> 곳을 찾아 〈보기〉와 같이 바르게 고치십시오.

| 보기 | |
|---|---|
| 우리에게 한국어를 <s>가라쳐</s> 주시는 김 선생님은 항상 흰색 셔츠를 주름 하나 없이 | |
| 　　　　　　　　가르쳐 | |
| 깔끔하게 <s>달여서</s> 입고 오세요. | |
| 　　　다려서 | |

1) 같은 반 리사 씨는 항상 글씨를 반드시 써서 선생님께 칭찬을 받아요.
　 저도 글씨를 예쁘게 쓰는 연습을 해서 반듯이 선생님께 칭찬을 받겠어요.

2) 비가 오길래 파전을 붙여서 저녁으로 먹었어요. 너무 맛있어 보여서 뜨거울 때 시키지 않고 그냥
　 먹었더니 입천장을 다 데었어요.

3) 한국에서는 어른 앞에서 다리를 너무 쩍 벌이고 앉으면 안 된다고 하길래 무릎을 붙이고 얌전히
　 앉아 있었더니 다리가 절여서 혼났어요.

# UNIT 07 한글과 한국인의 사상

 **단어** Vocabulary

### 도입
- 유교
- 노약자석
- 효도
- 애국심

### 대화
- 한글날
- 공휴일
- 성리학
- 백성
- 권력

### 어휘
- 충성하다
- 공경하다
- 불교
- 기독교
- 천주교
- 개신교
- 훈민정음
- 표음 문자
- 표의 문자
- 자음
- 모음
- 창제
- 반포
- 석가탄신일

### 읽기
- 치아
- 소수 민족
- 신분
- 효
- 충
- 학벌
- 남아선호사상
- 경로사상

### 쓰기
- 획
- 발음 기관

### Jump page
- 초성
- 종성
- 중반
- 양성
- 음성
- 중성

### 문법
- ~(으)므로
- ~(으)ㄹ세라
- ~(으)리라는

**1** 다음은 한글날에 대한 설명입니다. 〈보기〉에서 알맞은 단어를 골라 문장을 완성하십시오.

| 보기 | 창제하다 | 세우다 | 반포하다 | 백성 | 공휴일 |

한글날은 왜 10월 9일이 되었을까? 훈민정음해례본(訓民正音解例本)에 따르면 세종대왕이 한글을 1) __________ 국민들에게 2) __________ 날이 1446년 9월 상순이라고 되어 있다. 1446년 음력 9월 10일을 양력으로 계산하면 10월 9일이 된다. 1945년 대한민국 정부는 10월 9일을 한글날로 정하고 3) __________ (으)로 만들었다. 1991년 공휴일이 지나치게 많아 경제 발전에 지장을 준다는 이유로 한글날은 국군의 날(10월 1일)과 함께 공휴일에서 빠졌다. 그 뒤로 한글 학회 등 한글 단체는 한글날을 공휴일로 다시 정하자는 운동을 하였고 2013년 다시 공휴일이 되었다. 세종대왕이 한글을 창제한 이유에 대해서는 어려운 한자 때문에 힘들어하는 4) __________ 을/를 위해서라는 의견과 새로운 글자를 통해 새로운 정치 질서를 5) __________ 했다는 의견이 있다.

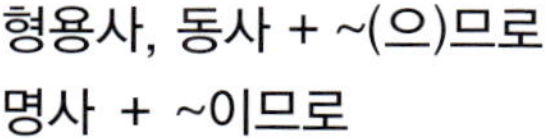 

**문형연습** Pattern Practice



**1** '~(으)므로'를 사용해서 문장을 완성하십시오.

> 보기  **온실가스가 증가하므로** 환경도 점점 나빠집니다.

1) _________________________ 아파트를 더 지어야 한다.

2) _________________________ 취업도 어려워질 것으로 예상된다.

3) _________________________ 이번에는 그 사람에게 양보해야 한다고 생각합니다.

4) 지구 온난화로 동해의 수온이 _________________________ 명태와 고등어 같은 생선이 안 잡힌다고 한다.

5) 컴퓨터 게임은 _________________________ 아이들에게는 시간을 정해 게임을 하게 해야 한다.

6) 제가 이 회사의 _________________________ 모든 책임을 지고 자리에서 물러나겠습니다.


**2** '~(으)므로'를 사용해서 대화를 완성하십시오.

> 보기  가 : 여기에서 수영해도 될까?
> 나 : 안 돼! '수심이 **깊으므로** 절대 수영하지 마시오'라고 써 있는 거 안 보여?

1) 가 : 우등상 받은 거 축하해. 근데 상장에 뭐라고 쓰여 있니?

   나 : '위의 사람은 타의 모범이 되고 성적이 __________ 이에 상장을 수여함'이라고 쓰여 있어.

2) 가 : 이곳은 사고가 많이 발생하는 __________ 속도를 좀 줄여야 합니다.

   나 : 네, 그렇게 하겠습니다.

3) 가 : 공연 시간이 다 됐으니까 마시던 커피는 들고 들어갑시다.

   나 : 안 돼요. 아까 출입문에 '공연에 __________ 음식물을 반입하지 마시기 바랍니다'라는 안내문 못 보셨어요?

4) 가 : 이 대리는 근무 태도도 안 좋고 실적도 __________ 퇴사시켜야 합니다!

   나 : 그래도 몇 년간 우리랑 같이 일해 온 동료인데 퇴사는 너무 심하지 않나?

5) 가 : 이번에 새로 출시된 휴대폰은 깔끔한 디자인과 합리적인 가격으로 인기를 얻고 있습니다. 이 제품은 __________ 좀 더 광고에 신경 써서 매출을 더욱 높이는 게 좋다고 생각합니다.

   나 : 이미 입소문이 났는데 광고비를 더 쓸 필요가 있을까요?

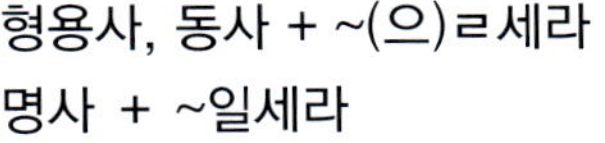

**1** '~(으)ㄹ세라'를 사용해서 대화를 완성하십시오.

> **보기**
> 가 : 피곤해 보이네요. 잘 못 잤어요?
> 나 : 우리 아기가 좀 예민해서 잠을 잘 못 자요. 잠들면 **깰세라** 계속 옆에서 지켜보다가 잠을 설쳤거든요.

1) 가 : 어릴 때 엄마랑 같이 밖에 나가면 혹시 ＿＿＿＿＿＿＿＿＿＿＿ 손을 꼭 잡고 다녔는데 커서는 쑥스러워서 안 하게 되네요.

   나 : 맞아요. 부모님께 사랑이나 감사를 표현해야지 하면서도 그게 잘 안 돼요.

2) 가 : 왜 그렇게 조심조심 걸어가요?

   나 : 비 온 뒤라 ＿＿＿＿＿＿＿＿＿＿＿ 걱정이 돼서요.

3) 가 : 혹시 첫 수업에 ＿＿＿＿＿＿＿＿＿＿＿ 뛰어왔더니 너무 숨이 차.

   나 : 그래도 뛰어온 보람이 있네. 교수님 오시기 전에 도착했잖아.

4) 가 : 민정 씨는 외동딸인가 봐요. 혼자 자란 티가 나요.

   나 : 외동딸이라서 민정 씨 부모님이 ＿＿＿＿＿＿＿＿＿＿＿.

5) 가 : 어제 경기가 볼 만했다면서요?

   나 : 네, 두 팀의 실력이 막상막하였어요. 한 쪽이 득점을 하면 또 다른 쪽이 ＿＿＿＿＿＿ 따라잡아서 정말 손에 땀을 쥐게 했어요.

**1** '~(으)리라는'을 사용해서 대화를 완성하십시오.

> **보기**
> 가 : 이번 프로젝트는 잘돼 가고 있어요?
> 나 : 네, 이번에는 꼭 **성공하리라는** 의지를 가지고 열심히 하고 있습니다.

1) 가 : 6개월 전에 행방불명된 옆집 아이가 아직도 안 돌아왔대요.

   나 : 그러게 말이에요. 그 집 부모는 아직도 ______________________ 믿음으로 뜬눈으로 밤을 지새우고 있어요.

2) 가 : 어제 아시안 게임 결승전 봤어요?

   나 : 네, 아무도 이ㅇㅇ 선수가 ______________________ 기대를 하지 않았는데 정말 대단했어요.

3) 가 : 우리 회사 사장님은 정말 대단하지 않아요? 말단 사원에서 시작해서 사장 자리까지 올라가셨잖아요.

   나 : 제가 듣기로 사장님은 항상 ______________________ 믿음을 가지고 살았대요.

4) 가 : 이번 여름도 더울까요?

   나 : 그럴 것 같아요. 100년 후에는 지구 온난화가 점점 심해져서 평균 기온이 5도 이상 ______________________ 예측도 나오고 있던데요.

5) 가 : 요즘 출산율이 너무 낮아서 2035년에는 청년 1명이 노인 3명을 돌봐야 한대요.

   나 : 맞아요. 인구가 극심하게 ______________________ 예측도 많던데요.

6) 가 : 요즘은 은행에 저금을 해도 이자가 거의 없는 것 같아요.

   나 : 맞아요. 미국에서 금리 인상을 하면 한국도 금리가 ______________________ 예상이 나오고는 있지만 그것도 언제가 될지 모르죠.

**1** 다음 발음 기관의 이름을 쓰십시오.

1) _______________

2) _______________

3) _______________

4) _______________

5) _______________

**2** 〈보기〉에서 알맞은 단어를 골라 문장을 완성하십시오.

| 보기 | 겪다 | 훈민정음 | 소수민족 | 발음 기관 | 표의 문자 | 표음 문자 |

한글의 원래 이름은 1) _____________이다. 1443년 세종대왕이 한문을 읽고 쓸 줄 몰라 어려움을 2) _________ 백성을 위해 만든 글자이다. 한글이 만들어지기 전에 사용했던 한자는 3) _________ 최소한 몇 천자 이상의 글자를 외워야 글을 읽고 쓸 수 있었다. 반면 한글은 소리를 표현하는 4) _____________ 한자에 비해 훨씬 적은 글자만으로도 글을 읽고 쓸 수 있다. 게다가 한글의 모양은 5) _________의 모양과 비슷하기 때문에 하루 이틀 만에 읽고 쓸 수 있다. 이런 한글의 특성을 살려 한국 정부에서는 문자가 없는 6) _________에게 한글을 교육하는 사업을 하고 있다.

**3** 다음은 한국 사회에서 흔히 볼 수 있는 모습입니다. 각각 어떤 성리학적 사상에 해당하는지 분류하십시오.

> 보기
> 가. 교육열이 높고 같은 학교 출신의 선후배 간의 관계가 좋다.
> 나. 대중교통에 노약자석이 있고 노인을 보면 자리를 양보한다.
> 다. 사교육비 부담이 높다.
> 라. 낳아 주시고 키워 주신 부모님께 잘해야 한다고 생각한다.
> 마. 어른이 숟가락을 들면 식사를 시작하고 다 드시기 전에 일어나지 않는다.
> 바. 딸보다는 아들에게 가업, 재산을 물려줘야 한다고 생각한다.
> 사. 신입 사원 채용 시에 명문대 졸업자를 우대하고 지방대 졸업자는 차별을 당하기도 한다.
> 아. 아들을 낳을 때까지 아이를 낳는 바람에 딸이 많은 집을 종종 볼 수 있다.
> 자. 결혼 후에도 부모님을 모시고 사는 자녀들이 많이 있다

1) 남아선호사상 :

2) 경로사상 :

3) 효도 :

4) 학벌중심주의 :

다음은 소설 '뿌리 깊은 나무'에 대한 소개입니다. 잘 읽고 질문에 답하십시오.

## 『뿌리 깊은 나무 1, 2』 이정명, 은행나무

『뿌리 깊은 나무』는 세종대왕 시대, 훈민정음 반포 전 7일 간 경복궁에서 벌어지는 연쇄 살인 사건에 대한 이야기이다. 모두가 안다고 생각하는 세종대왕의 시대를 누구도 상상하지 못했던 방법으로 묘사하고 있다. 연쇄 살인의 배후에는 세종대왕을 중심으로 목숨을 걸고 한글 반포를 성공시키려고 하는 사람들이 있고 그것을 방해하려는 사람들 사이의 갈등이 있다.

『뿌리 깊은 나무』를 읽기 전에 조선 시대의 중요한 사상인 성리학에 대해 이해하는 것이 좋다. 성리학은 '조선'이라는 새로운 나라를 세운 이씨 왕족들이 나라의 질서를 세우기 위해 선택한 사상이다. 성리학의 핵심은 충과 효로 대표되는 철저한 상하관계다. 모든 인간관계를 상하관계로 설명할 수 있기 때문에 처음 나라를 세워 질서를 ______가______ 큰 역할을 하였으나 이후 신분 차별, 남녀 차별을 심해지게 하는 원인이 되었다.

**1** 다음 중 위의 내용과 <u>다른</u> 것을 고르십시오.

① 『뿌리 깊은 나무』는 세종대왕 시대를 배경으로 한 소설이다.

② 『뿌리 깊은 나무』는 훈민정음 반포 전 7일 간의 살인 사건에 대한 내용이다.

③ 성리학은 조선 시대 전부터 중요한 사상이었다.

④ 성리학은 모든 인간관계를 상하관계로 설명한다.

**2** 위의 '가'에 들어갈 말로 알맞은 것은?

① 세우는 데　　　② 세우므로　　　③ 세울세라　　　④ 세우리라는

**1** 〈보기〉에서 알맞은 것을 골라 문장을 완성하십시오.

| 보기 | ~(으)므로 | ~(으)ㄹ세라 | ~(으)리라는 | 제사 | 공경 |
|---|---|---|---|---|---|
| | 창제 | 성리학 | 신분 | 권력 | 차별 |

　세종대왕이 한글을 1) ______ 한 후에도 양반들은 계속 한문을 사용했고 한글을 배우는 사람들은 2) ______ 이/가 낮은 사람들뿐이었다. 지금처럼 한글을 일반적으로 쓰게 된 것은 100년 정도밖에 되지 않는다. 소설 '뿌리 깊은 나무'를 보면 조선 시대 3) ______ 을/를 가진 양반들은 한글 반포를 반대한다. 한글이 알려져 모든 사람들이 글자를 읽고 쓸 수 있게 되면 원래 받았던 4) ______ 에 대한 불만을 표현하게 되고 기존의 질서가 5) __________ 걱정했기 때문이다. 그러나 조선은 600년 동안 성리학적 질서를 이어갔다. 지금까지도 한국 사람들이 조상이 돌아가신 날 6) ______ 을/를 지내는 것, 노인을 7) ______ 하고 부모님께 효도하는 것 등이 모두 성리학적 전통이다.

**2** 다음 중 의성어, 의태어의 사용이 어색한 것을 고르십시오.

① 오랜만에 등산을 했는데 시냇물이 **졸졸** 흘러가는 소리가 기분 좋게 들렸어요.
　　비가 심하게 와서 우리 집 천장에 구멍이 났어요. 지금 물이 **줄줄** 새고 있어요.

② 그녀의 손가락에 작은 반지가 아름답게 **번쩍**거려요.
　　어젯밤 천둥 번개가 쳤어요. 번개가 칠 때마다 **반짝**거려서 눈이 아플 정도였어요.

③ 음식을 먹다가 흘려서 하얀 블라우스가 **얼룩덜룩**해졌어요.
　　단풍이 들어서 **알록달록**한 가을 산이 보기 좋네요.

④ 헤어진 남자 친구에게 받은 반지를 호수에 던졌더니 **퐁당** 소리가 났다.
　　100kg이 넘는 남자 친구가 호수에 다이빙을 하니까 **풍덩** 소리가 났다.

⑤ 그 소식을 듣고 너무 놀라서 가슴이 **철렁** 내려앉았어요.
　　그 목걸이는 작은 메달이 달려 있어서 **찰랑**거리는 게 참 예뻐요.

# UNIT 08 대중문화

 **단어** Vocabulary

**도입**
- 퍼포먼스
- 사물놀이

**대화**
- 돌파
- 기록
- 개봉하다
- 한류 열풍
- 자랑스럽다
- 일시적이다
- 유행
- 지속적

**어휘**
- 연출
- 감독
- 시청자
- 청취자
- 관객
- 청중
- 방청객
- 독자
- 각색하다
- 제작하다
- 방송하다
- 상영하다
- 상연하다
- 뚫리다
- 필(feel)이 오다
- 박진감
- 손에 땀을 쥐다
- 볼거리

**문형 연습**
- 스케일

**듣기**
- 정치물
- 전쟁물
- 의학물
- 사극
- 현대극
- 수출액
- 패러디
- 표절
- 시비
- 과장하다
- 헷갈리다
- 구별하다
- 제한하다
- 강력하다
- 원작자

**Jump page**
- 엄친딸
- 엄친아
- 품절남
- 품절녀
- 훈남
- 훈녀
- 차도남(=까도남)
- 차도녀(=까도녀)
- 남친
- 여친
- 셀카
- 득템
- 줌데렐라 / 줌마렐라
- 올백
- 베프
- 놀토
- 깜놀
- 불펌
- 강추

**문법**
- ~더라(고요)
- ~(으)ㄴ/는 데다가
- ~았/었으면 하다

**1** 〈보기〉에서 알맞은 단어를 골라 문장을 완성하십시오.

| 보기 | 주인공 | 조연 | 감독 | 연기 | 역할 | 상영 | 관객 |

1) 가 : 한국 영화 중에서 1,000만 명 이상의 __________이/가 본 영화가 10편이 넘는대요.

   나 : 한국 인구가 5,000만 명 정도라는 것을 생각하면 대단한 기록이군요!

2) 가 : '다크나이트'에서 조커 __________을/를 했던 배우 이름이 뭐지?

   나 : 히스 레저! '다크나이트'가 그 배우의 마지막 영화였지.

3) 〈영화관에서〉

   지금부터 영화가 시작되겠습니다. __________ 중에는 카메라나 핸드폰을 사용하지 마시고 앞자리를 발로 차거나 다른 사람에게 피해를 주는 행동을 하지 마십시오.

4) 영화배우 김○○ 씨는 데뷔하고 15년 동안 별로 크지 않은 역할인 __________만 하다가 처음으로 __________(으)로 영화를 찍고 있어 기쁘기도 하고 부담스럽기도 하다고 말했다.

5) 이번 영화제에서 작품상을 받은 김○○ __________은/는 자신의 힘들었던 경험을 영화에 담아 감동적인 작품을 만들었다.

6) 가 : 미라 씨가 가장 좋아하는 배우는 누구예요?

   나 : 메릴 스트립요. 그렇게 예쁜 얼굴은 아니지만 진짜 __________을/를 잘하는 배우라고 생각해요. 어떤 역할을 해도 진짜 잘 어울리거든요.

**2** 다음은 영화나 공연을 보고 난 후의 감상평입니다. 알맞은 표현을 골라 대화를 완성하십시오.

| 보기 | 가슴이 뻥 뚫리다 | 줄거리가 뻔하다 | 손에 땀을 쥐게 하다 |
| | 두 마리 토끼를 잡다 | 소문난 잔치에 먹을 것 없다 | |

1) 가 : 어제 본 영화는 정말 최고였어! 재미도 있고 감동적이기도 하고 정말 __________________ 영화였어!

   나 : 그렇게 좋았어? 나도 꼭 봐야겠는데!

2) 가 : 평소에 액션 영화를 별로 안 좋아하는데 이 영화는 너무 재미있다!

   나 : 나도. 그동안 쌓였던 스트레스가 확 풀리면서 __________________!

3) 가 : 그 영화는 너무 인기가 많아서 한 시간 정도는 줄을 서서 기다려야 표를 살 수 있대요.

   나 : 저도 보러 갔었는데 생각보다는 별로였어요. 왜 좋다고 하는지 잘 모르겠던데요.

   가 : __________________ 말이 맞네요.

4) 가 : 어떤 장르의 영화를 좋아하세요?

   나 : 저는 스릴러요. 범인을 찾는 과정에서 _____________________ 긴장감이 너무 좋거든요.

5) 가 : 이 영화 별로다. 그렇지?

   나 : 응, 처음 10분만 보면 앞으로 내용이 어떻게 될지 다 알 수 있어.

   가 : 맞아. _____________________ 졸릴 정도였어.

**3** 위의 단어와 표현을 사용해서 지금까지 본 영화나 드라마, 공연 중에서 인상적이었던 작품에 대해 소개해 봅시다.

| | |
|---|---|
| 1) 제목 | |
| 2) 나오는 사람 | 주연 - 남자 주인공 :<br>　　　　여자 주인공 :<br><br>조연 |
| 3) 배경과 줄거리 | |
| 4) 기억에 남는 장면이나 대사 | |
| 5) 한 줄 평과 별점 | |

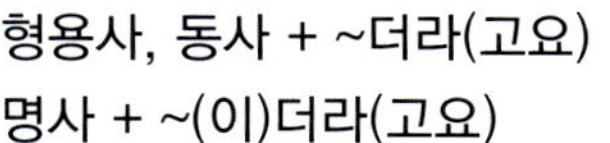

**1** '~더라고요'를 사용해서 대화를 완성하십시오.

> 보기  가 : 그 공연 어땠어요?
> 나 : 정말 **재미있더라고요**. 미선 씨도 꼭 보세요.

1) 가 : 샘 씨, 대만에 가 본 적 있어요?

   나 : 네, 여름에 갔었는데 대만의 여름은 정말 _______________________.

2) 가 : 어제 민수 집에서 집들이를 했다면서요?

   나 : 네, 근데 민수 씨 부인이 정말 요리 솜씨가 _______________________.

3) 가 : 지난주에 소개팅 했다면서요?

   나 : 네, 근데 소개팅 하러 가 보니 그 사람이 _______________________.

4) 가 : 연휴 때 친구를 만난다고 했잖아요. 잘 만나셨어요?

   나 : 아니요, 알고 보니 그 친구가 _______________________

   그래서 못 만났어요.

5) 가 : 어제 나영 씨 봤어요? 화장을 하고 왔는데 진짜 예뻤어요.

   나 : 네, 봤어요. 나영 씨는 원래도 예쁘지만 화장을 하니까 _______________________.

6) 가 : 미라 씨, 저 아저씨 알아요?

   나 : 네, 아까부터 계속 쳐다봐서 이상하다고 생각했는데 알고 보니 _______________________.

**2** 여러분이 가 본 곳 중에 친구에게 추천하고 싶은 곳이 있습니까? '~더라고요'를 사용해서
소개해 주십시오.

> 보기  지난주에 서촌에 갔는데 서울의 과거와 현재의 모습을 한꺼번에 볼 수 있어서 정말 **좋더라
> 고요**. 옛날 가게, 미술관, 계곡도 있어서 볼거리도 풍부하고 먹을거리도 **많더라고요**.

_______________________________________

_______________________________________

_______________________________________

_______________________________________

형용사, 동사 + ~(으)ㄴ/는 데다가<br>명사 + ~인 데다가

**1** 〈보기〉와 같이 '~(으)ㄴ/는 데다가'를 사용해서 대화를 완성하십시오.

> **보기**
> 가 : 오늘 공연 정말 멋졌어요!
> 나 : 맞아요. **감동적인 데다가** 재미도 있었죠? 두 마리 토끼를 다 잡은 것 같아요.

1) 가 : 민수 씨, 많이 아파 보이는데 괜찮아요?

   나 : 아니요, ___________________ 기침도 많이 해서 너무 힘들어요.

2) 가 : 미영이 남자 친구는 ___________________ 체격도 좋아.

   나 : 그러게. 완전 부러워.

3) 가 : ___________________ 사고까지 나서 아침부터 정체가 심하네요.

   나 : 이렇게 밀릴 줄 알았으면 지하철을 탈 걸 그랬어요.

4) 가 : ___________________ 계속 앉아 있었더니 속이 불편해요.

   나 : 소화제를 좀 드셔 보세요.

5) 가 : 오늘은 손님이 별로 없네요.

   나 : ___________________ 비까지 와서 그런 것 같아요.

6) 가 : 아파트를 하나 보고 왔는데 별로 마음에 들지 않아요.

   나 : 왜요?

   가 : ___________________ 월세도 너무 비싸더라고요.

7) 가 : 그 사무실에 새로 들어온 직원 어때요?

   나 : ___________________ 예의도 바르더라고요. 아주 좋은 사람 같아요.

**2** 한국에 직접 와서 한국어를 배우는 것에 대한 장점, 단점을 각각 두 가지 이상씩 생각하고 '~(으)ㄴ/는 데다가'를 사용해서 이야기해 보세요.

> **보기**
> 한국에 있으면 자연스럽게 생활 속에서 한국어를 **사용할 수 있는 데다가** 한국 문화도 배울 수 있으니까 좋다고 생각해요. 하지만……

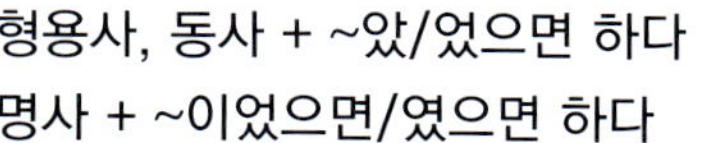

## 문형연습 Pattern Practice

**1** '~았/었으면 하다'를 사용해서 문장을 완성하십시오.

1) 올림픽에서 우리 선수들이 금메달을 ___________________

2) 열심히 공부해서 ___________________

3) 새해에도 온 가족이 다 ___________________

4) 저는 지금 ___________________

**2** '~았/었으면 하다'를 사용해서 〈보기〉와 같이 다음 문장을 연결하고 써 보세요.

보기 아기가 건강하다 • • ㉮ 대보름에 부럼을 깨물어 먹다

1) 시험에 합격하다 • • ㉯ 동지에 팥죽을 먹다

2) 붉은색을 보고 나쁜 귀신이 도망가다 • • ㉰ 돌잔치 때 금반지를 선물하다

3) 소리를 듣고 귀신이 도망가다 • • ㉱ 시험 전에 머리나 손톱을 깎지 않고 미역국도 안 먹는다

보기 한국에서는 아기가 **건강했으면 하는 의미로** 돌잔치 때 금반지를 선물합니다.

1) ___________________

2) ___________________

3) ___________________

4) 우리나라에서는 ___________________

**1** 〈보기〉에서 알맞은 단어를 골라 문장을 완성하십시오.

| 보기 | 사극 | 상상력 | 추가하다 | 배경 | 갈등 |
| --- | --- | --- | --- | --- | --- |
| | 출생의 비밀 | 빈부 차이 | 판매되다 | 수출액 | 계기 |

1) 가 : 한국 드라마에서는 _______________이/가 소재가 될 때가 많은 것 같아요.

   나 : 맞아요, 사랑하는 남녀가 알고 보니 어릴 때 헤어진 남매였다거나, 가난한 주인공이 알고 보니 아주 부잣집의 잃어버린 상속자였다거나 하는 내용이죠.

2) 가 : 예전 _______________은/는 역사적인 사실만 나와서 좀 지루했는데 요즘은 실제 역사에는 없었던 사건이나 인물을 _______________ 경우가 많더라고요.

   나 : 맞아요. 역사적인 사실뿐만 아니라 _______________이/가 추가돼서 시청자들이 사극에 더 매력을 느낄 수 있게 하는 것 같아요.

3) 국내에서 50%가 넘는 시청률을 기록했던 드라마 '대장금'은 중국, 일본, 중동 지역 등 총 60개국 에 _______________(으)면서 '대장금 열풍'을 만들었다. 특히 헝가리에서 40%, 이란에서 90%의 높은 시청률을 나타내는 대기록을 세우면서 전체 _______________이/가 무려 3조 원이 넘었다.

4) 가 : 한국에서는 대가족을 _______________(으)로 하는 드라마가 많은데 실제로 할아버지, 할 머니를 모시고 사는 가족은 거의 찾기 힘들지 않아요?

   나 : 맞아요, 그래서 그런 드라마들이 과거에 대한 추억, 그리움 같은 것을 느끼게 해 주죠. 다른 나라에서도 그런 이유로 인기가 있는 거 아닐까요?

5) 중국 동영상 사이트 내에서 40억 뷰(view)를 돌파하는 기록을 세운 드라마 '별에서 온 그대'는 중 국 대륙에 치맥, 라면 등 K-FOOD(케이푸드) 열풍을 몰고 온 _______________이/가 되었다.

6) 가 : 한국 드라마는 재미있긴 한데 가끔 내용이 너무 뻔해요.

   나 : 맞아요, 가난한 여자와 부자인 남자가 만나고, 사랑에 빠지면서 _______________ 때문 에 _______________을/를 겪고 부모의 반대에도 부딪히고……

   가 : 거기에 교통사고하고 기억 상실증도 나와야죠.

   나 : 하하하, 맞아요.

**1** 〈보기〉에서 알맞은 단어를 골라 다음 문장을 완성하십시오.

| 보기 | 표절 | 특징 | 분야 | 강력하다 |
|---|---|---|---|---|
| | 제한하다 | 불법적이다 | 원작자 | |

1) 다른 것과 구별되어 나타나는 특별한 점 : _______________

   예 그의 작품은 화려한 색채로 자연을 표현하는 것이 _______________(이)다.

2) 원래 작품을 만든 사람 : _______________

   예 이 번역 소설은 _______________이/가 직접 영어로 번역해서 의미 전달이 잘된 것 같다.

3) 작품을 만들 때, 남의 작품을 자기 것인 것처럼 몰래 가져다 씀 : _______________

   예 요즘 한창 인기를 얻고 있는 노래가 _______________을/를 했다는 사실이 밝혀져 물의를 빚고 있다.

4) 여러 부분으로 나누어진 영역 : _______________

   예 모임에 참석한 사람들은 모두 경제 _______________의 전문가입니다.

5) (무엇이) 매우 세고 강하다 : _______________

   예 이 약은 약효가 _______________기 때문에 과다한 사용을 절대 금합니다.

6) 국가의 법이나 사회 규범에 어긋나다 : _______________

   예 인터넷을 이용한 _______________ 개인 정보 도용이 늘고 있다.

7) 일정하게 정하거나 그것을 넘지 못하게 막다 : _______________

   예 정부는 모든 산업을 개방하라는 압력에도 불구하고 문화 산업만은 수입을 _______________겠다고 발표했다.

다음 글을 읽고 물음에 답하십시오.

조용하던 남해안의 한 섬이 요즘 떠들썩해졌다. 최근 인기리에 방송되고 있는 드라마가 이곳에서 촬영되고 있기 때문이다. 외지 사람을 거의 볼 수 없던 이 섬에 최근 주말이면 평균 3천 명이 넘는 관광객이 몰리고 있다. 방송의 영향력은 이뿐만이 아니다. 얼마 전 뉴스에서 잠깐 소개되었던 강원도의 한 시골 마을에도 요즘 관광객이 많아지고 있다. 그 덕분에 손님이 거의 없던 식당들은 24시간 영업을 하고 숙박 시설도 부족하여 새 건물이 지어지고 있다. 상황이 이렇게 되자 각 지역의 공무원들은 텔레비전 방송에 자기 지역을 소개하려고 노력하기 시작했다. 그러나 일부에서는 우려의 목소리도 높다. 조용하고 깨끗하던 시골 마을이 관광객이 왔다 가면 쓰레기로 엉망이 되기도 하고, 그 지역에서만 나는 좋은 재료로 음식을 만들던 식당들이 손님이 갑자기 늘어나면서 서비스가 예전만 못하다, 음식 맛이 변했다는 평가를 받기도 한다.

**1** 위 글의 내용과 같은 것을 고르십시오.

① 텔레비전 뉴스에서 남해안의 한 섬이 소개되었다.

② 24시간 문을 여는 식당 때문에 관광객이 늘었다.

③ 숙박 시설이 부족하여 관광객들이 불평하고 있다.

④ 방송 덕분에 관광객이 늘었지만 문제점도 함께 발생하고 있다.

**2** 위 글에서 소개된 예와 같이, 방송에서 소개되면서 유명해진 장소가 있습니까? 방송에서 맛집이나 관광지를 소개하면서 유명세를 타는 것에 대해 어떻게 생각합니까?

**1** 〈보기〉에서 알맞은 것을 골라 대화를 완성하십시오.

| 보기 | ~더라고요 | ~는 데다가 | ~았/었으면 하다 | 각색 | 제작 |
|---|---|---|---|---|---|
| | 상연 | 상영 | 연출 | 감독 | 원작 | 시청자 |
| | 청취자 | 관객 | 청중 | 방청객 | 독자 | |

민수 : 미라 씨는 영화를 선택할 때 중요한 게 뭐예요?

미라 : 저는 그 영화를 만든 1) ___________ 이/가 누구인지를 확인하는 편이에요. 민수 씨는요?

민수 : 저는 2) ___________ 시간이 중요해요. 2시간 반이 넘으면 3) ___________ 졸리기까지 하거든요.

미라 : 뭐라고요? 하하하. 뭐예요. 저는 요즘 영화를 소개해 주는 라디오 프로그램에서 최신 영화 정보를 많이 얻고 있어요.

민수 : 그런 프로그램이 있어요?

미라 : 네, 아이돌 가수 김ㅇㅇ이 진행하는 라디오 방송인데 들어 봤어요?

민수 : 아! 그 방송! 퇴근하면서 가끔 듣는데 4) ___________. 학생뿐만 아니라 직장인 5) ___________ 에게도 인기가 많대요.

미라 : 맞아요. 진행을 참 잘하더라고요. 어제 방송에서 들었는데 요즘 '아이언맨'이나 '어벤저스'처럼 만화를 6) ___________ 한 액션 히어로 영화가 인기가 많잖아요. 한국에서도 이ㅇㅇ 작가의 만화를 7) ___________ (으)로 한 액션 히어로 영화를 8) ___________ 중이래요.

민수 : 그래요? 근데 한국에서 액션 히어로 영화를 만들 수 있을까요? 아무래도 할리우드에 비해서 시장도 작고 제작비 규모도 작으니까 여러 가지 어려움이 있을 것 같아요.

미라 : 그래도 원작이 워낙 좋으니까 기대를 많이 하고 있는 것 같던데요. 이번 기회에 한국을 대표할 만한 액션 영화가 9) ___________.

# 모범 답안

## UNIT 01 문학

### 대화

**1.**
1) 청소년
2) 연예인
3) 소설가
4) SNS

**2.**
1) 자연스럽다 / 자연스럽지, 자연스러운, 자연스럽게
2) 은근히 / 은근히, 은근히
3) 메마르다 / 메마르고, 메마른 것 같다
4) 접하다 / 접했을 때, 접한

### 문형연습

**동사 + ~기(가) 일쑤(이)다**

**1.**
1) 물건을 잃어버리기 일쑤예요
2) 충동구매를 하기 일쑤예요
3) 놀이 공원에서는 조금만 방심하면 아이를 잃어버리기 일쑤거든요
4) 네, 요즘 일이 많아서 야근하기 일쑤예요
5) 오해를 받기 일쑤예요
6) 역효과가 나기 일쑤예요

**2.**
④ 자주 칭찬을 받는다, 칭찬을 받곤 한다

**동사 + ~느니**

**1.**
1) 사느니
2) 속이느니
3) 남에게 돈을 빌리느니
4) 내가 먼저 사과하느니 평생 안 보고 살겠어요
5) 다른 사람이 남긴 음식을 먹느니 차라리 굶어 죽겠어

**2.**
① 하와이로 가는 것보다

**동사 + ~는 둥 마는 둥 (하다)**

**1.**
1) 하는 둥 마는 둥
2) 집안일도 하는 둥 마는 둥 해요
3) 듣는 둥 마는 둥 해
4) 밥을 먹는 둥 마는 둥 했거든요
5) 우리가 없으면 숙제도 하는 둥 마는 둥 해요

**2.** ③

### 읽기

**1.**
1) ㉰
2) ㉯
3) ㉮
4) ㉱
5) ㉠
6) ㉲

**2.**
1) ㉯
2) ㉱
3) ㉮
4) ㉰

**3.**
1) 대중이
2) 저렴하
3) 작가
4) 머무르지
5) 감성
6) 촉촉한

### 쓰기

**1.**
1) 고드름
2) 창틀
3) 무덤
4) 수염
5) 그림자
6) 폭포
7) 지붕
8) 액체
9) 엽서

**2.**
1) 투명하다는
2) 매달려
3) 토막을 내
4) 부딪쳤거든요
5) 독한
6) 끊임없이

### 읽어 봅시다

1. ②

2. ④

### 종합연습

**1.**
1) 원작으로
2) 자기 일쑤니까
3) 장편이
4) 꾸준히
5) 읽느니
6) 읽는 둥 마는 둥
7) 대중 문학이라서
8) 순수 문학

**2.**
1) 전봇대처럼/같이
2) 바다처럼/같이
3) 호수처럼/같이
4) 단춧구멍처럼/같이
5) 백지장처럼/같이
6) 보름달처럼/같이
7) 호랑이처럼/같이

**3.**
1) ①
2) ③

**4.**
1) ②

## UNIT 02 인터넷과 생활

### 대화

**1.**
1) 택배 / 택배
2) 웹서핑 / 웹서핑
3) 반품 / 반품
4) 개인 정보 유출 / 개인 정보 유출로
5) 허위 광고 / 허위 광고를
6) 사은품 / 사은품으로

### 문형연습

> 형용사, 동사 + ~길래
> 명사 + ~(이)길래

**1.**
1) 배가 고프길래
2) 소리가 나길래
3) 세일을 하길래 쇼핑 좀 했어요
4) 길이 막히길래
5) 피곤하길래
6) 정리를 잘 하길래
7) 아무도 안 보길래
8) 무거운 짐을 들고 오시길래
9) 당신 생일이길래

**2.**
1) × → 늦었으니까, 늦었는데
2) ○
3) × → 예쁘니까, 예쁜데
4) ○
5) × → 가서, 가니까
6) ○
7) × → 먹어서, 먹으니까
8) × → 켜서, 켜니까
9) ○

> 형용사, 동사 + ~(으)ㄴ/는 셈이다
> 명사 + ~인 셈이다

**1.**
1) 거의 매일 하는 셈이야
2) 월급의 반을 저축하는 셈이에요 / 월급의 반이 저축인 셈이에요
3) 고향보다 한국에서 더 오래 산 셈이야
4) 흑자인 셈이에요

**2.**
1) ①
2) ②
3) ②

> 형용사, 동사 + ~(으)ㄴ/는/(으)ㄹ 줄 몰랐다(알았다)
> 명사 + ~인 줄 몰랐다(알았다)

**1.**
1) 그분이 선생님이 아닌 줄 알았는데 선생님이었어요.
   그분이 선생님인 줄 몰랐어요.
2) 한국말 배우기가 쉬울 줄 알았는데 생각보다 어려워요.
   한국말 배우기가 어려운 줄 몰랐어요.
3) 학교가 멀 줄 알았는데 걸어 다닐 수 있어요.
   학교까지 걸어 다닐 수 있는 줄 몰랐어요.
4) 그 영화가 재미없을 줄 알았는데 재미있군요.
   그 영화가 재미있을 줄 몰랐어요.
5) 민수 씨가 술을 잘 마실 줄 알았는데 한 잔도 못 마셔요.
   민수 씨가 술을 한 잔도 못 마시는 줄 몰랐어요.
5) 로라 씨가 기숙사에 사는 줄 알았는데 아야코 씨와 같은 하숙

집에 살아요.
로라 씨가 아야코 씨와 같은 하숙집에 사는 줄 몰랐어요.
7) 김 선생님이 결혼하신 줄 알았는데 다음 주에 하신대요.
   김 선생님이 다음 주에 결혼하시는 줄 몰랐어요.
8) 수업이 끝난 줄 알았는데 수업 중이었어요.
   수업 중인 줄 몰랐어요.

2.
1) 막히는 줄 모르고
2) 떠나는 줄 모르고
3) 농담인 줄 아는데
4) 어려운 줄 알았으면
5) 닫은 줄 모르고

3. 자유 응답

### 듣기 1

1.
1) 일상생활
2) 흥미를
3) 감소
4) 가상공간을
5) 발생

### 듣기 2

1.
1) ㉔
2) ㉓
3) ㉑
4) ㉘
5) ㉕
6) ㉒
7) ㉖

2.
1) ㉕ 회사에서 쫓겨나다
2) ㉖ 스트레스에서 벗어나다
3) ㉑ 창의력을 발휘하다
4) ㉔ 세상을 떠나다
5) ㉓ 위기를 극복하다

### 읽어 봅시다

1.
1) 입력
2) 클릭
3) 검색 사이트
4) 검색창
5) 도용

2. 자유 응답

### 종합연습

1.
1) 있길래
2) 접속해서
3) 댓글을 달고 있어요
4) 하는 줄 알았어요
5) 안심이 돼요
6) 디지털 기기
7) 회원 가입
8) 다 포기하지 못하는 셈이지만요

2.
1) 궁물
2) 삭제, 첨부, 전달
3) 혹시
4) 막상
5) 도대체

## UNIT 03 한국의 축제

### 대화

1.
1) ㉯
2) ㉰
3) ㉳
4) ㉮
5) ㉱
6) ㉷
7) ㉲
8) ㉴
9) ㉵

2.
1) 여
2) 개막
3) 폐막
4) 단
5) 매진이
6) 매표소

### 문형연습

형용사, 동사 + ~(으)ㄴ/는 걸 보니까
명사 + ~인 걸 보니까

1.
1) 꽃을 기르는 걸 좋아하나 봐요

2) 친구가 많은 것 같아요
3) 아무도 없나 봐요
4) 바쁜 일이 있는 것 같아요
5) 형제인가 봐요

2. 자유 응답

명사 + ~이/가 그만이다

1.
1) 자극적이지 않고 부드러운 죽이 그만이에요
2) 신선한 과일이랑 야채 섭취가 그만이에요
3) 꾸준한 말하기 연습이 그만이에요

2.
1) 하와이가 그만이에요
2) 시원한 수박이 그만이에요
3) 제주도가 그만이에요
4) 스트레칭이 그만이에요
5) 자유 응답

동사 + ~(으)ㄹ 겸 (해서)
명사 + 겸 (해서)

1.
1) 가수, 배우예요
2) 커피숍, 미술관
3) 전화기, 카메라로
4) 아침, 점심을

2.
1) ⑭ 돈을 벌 겸 취미도 살릴 겸 꽃집을 차렸다.
2) ㉮ 운동을 할 겸 아침 공부도 할 겸 일찍 일어났다.
3) ㉯ 노래도 부를 겸 스트레스도 풀 겸 노래방에 갔다.
4) ㉭ 쇼핑 겸 산책 겸 인사동에 간다.

### 읽기

1.
1) ②
2) ①
3) ②
4) ①

2.
1) 수
2) 무려
3) 여
4) 불과

3.
1) 간
2) 당시
3) 만
4) 직전, 직후

4.
1) ㉱
2) ㉮
3) ㉯
4) ㉣
5) ㉾
6) ㉰
7) ㉲

5.
1) 개최합니다
2) 한자리에서
3) 진행됩니다
4) 공개방송
5) 체험
6) 나들이
7) 딱

### 읽어 봅시다

1. ④

2~3. 자유 응답

### 종합연습

1.
1) 개막
2) 나들이를
3) 체험
4) 전주가 그만이다
5) 상영될
6) 현장
7) 먹을 겸
8) 여
9) 줄을 서서

2.
1) 까페 → 카페
2) 쥬스 → 주스
3) 써비스 → 서비스
4) 후라이드 → 프라이드
5) 초콜렛 → 초콜릿
6) 스케쥴 → 스케줄

## UNIT 04 건강

### 대화

1) 작심삼일이
2) 일석이조예요
3) 는커녕
4) 귀찮더라도
5) 하긴
6) 체력
7) 차차

### 문형연습

> 형용사, 동사 + ~기는커녕
> 명사 + ~은/는커녕

**1.**

1) ㉯ : 가뭄인데 비가 오기는커녕 구름 한 점 없다.
2) ㉰ : 사막에 나무는커녕 풀 한 포기도 찾기 힘들다.
3) ㉴ : 친구들을 자주 만나기는커녕 전화 통화도 못한다.
4) ㉲ : 생일날 선물은커녕 축하 인사조차 못 들었다.
5) ㉳ : 매일 운동하는데 살이 빠지기는커녕 살이 더 쪘다.
6) ㉵ : 팔을 다쳐서 물건을 들기는커녕 팔을 올리지도 못한다.

**2.**

③ 다 끝내기는커녕 다른 일이 밀려서 시작도 못 했어요.

> 형용사, 동사 + ~더라도
> 명사 + ~(이)더라도

**1.**

1) ① 사장님의 말이 맞더라도 직원들의 의견을 물어보지도 않고 결정하기는 어렵겠지요.
2) ② 돈이 없더라도 도둑질을 하면 안 돼요.
3) ① 지금 좀 힘들더라도 미래를 위해 열심히 일해야 해요.
4) ① 건강하더라도 날마다 야근을 하면 결국 건강이 나빠질 거예요.
5) ① 실수로 친구의 물건을 망가뜨렸더라도 진심으로 사과하면 친구가 용서해 줄 거예요.

**2.**

1) 손해를 좀 보더라도
2) 아무리 아이가 말을 안 듣더라도
3) 정상이더라도
4) 아무리 어머니를 위해서라고 하더라도
5) 야근을 하더라도
6) 돈이 없더라도

> 명사 + ~못지않다

**1.**

1) 아나운서 못지않게
2) 남자 아이 못지않게
3) 카나 씨 못지않게
4) 젊은 사람 못지않게
5) 영화배우 못지않게
6) 유명 작가 못지않게
7) 20대 못지않게
8) 형제 못지않게

**2.**

④ 피부에 무엇보다도 안 좋으니까

### 듣기 1

**1.**

1) 시식
2) 소식
3) 채식
4) 과식, 폭식

**2.**

1) 턱걸이
2) 수영
3) 윗몸 일으키기
4) 역도
5) 자전거 타기
6) 마라톤

**3.**

1) 없이, 단시간 / 예) 턱걸이, 윗몸 일으키기, 역도
2) 의 공급을 받아, 장시간 / 예) 수영, 자전거 타기, 마라톤

### 듣기 2

1) 해마
2) 소화 불량
3) 편두통
4) 군것질
5) 치매
6) 통증
7) 불면증

### 쓰기

1) 매출이
2) 여드름이, 탈모가
3) 성형
4) 질환
5) 노화
6) 세안

### 읽어 봅시다

**1.**
1) 통조림이 더 좋다
2) 차게 해서
3) 높은 온도에서 올리브유로
4) 끓여라
5) 1분 이상
6) 덜 익혀서 먹어라
7) 녹색일

**2.**
1) ○
2) ×
3) ○
4) ×
5) ×
6) ×
7) ○

**3. 자유 응답**

### 종합연습

**1.**
1) 작심삼일로
2) 체력을
3) 유산소 운동을
4) 무산소 운동을
5) 좋아 보이더라도
6) 호흡을
7) 건강이 좋아지기는커녕
8) 유지하는
9) 못지않게

**2.**
1) ③
2) ④
3) ③
4) ①

## UNIT 05 봉사

### 대화

**1.**
1) ㉣
2) ㉤
3) ㉮
4) ㉢
5) ㉡

**2.**
1) 입사
2) 기업
3) 양로원이나
4) 봉사 활동을
5) 망설여졌지만
6) 뿌듯해서
7) 서투르지만
8) 개인적으로

### 문형연습

얼마나 ~(으)ㄴ/는지 모르다/알다

**1.**
1) 한국의 8월이 얼마나 후텁지근한지 몰라요./한국의 8월이 얼마나 후텁지근한지 알아요?
2) 우리 집 고양이를 안으면 얼마나 기분이 좋고 포근한지 몰라요./우리 집 고양이를 안으면 얼마나 기분이 좋고 포근한지 알아요?
3) 우리 학교 동아리 중에 자원 봉사 동아리의 인기가 얼마나 높은지 몰라요./우리 학교 동아리 중에 자원 봉사 동아리의 인기가 얼마나 높은지 알아요?
4) 한국 사람들이 얼마나 매운 음식을 잘 먹는지 몰라요./한국 사람들이 얼마나 매운 음식을 잘 먹는지 알아요?

**2.**
1) 얼마나 노래를 잘 부르는지 몰라요
2) 얼마나 고민했는지 몰라요
3) 얼마나 고마웠는지 몰라요
4) 얼마나 친구가 많은지 몰라요
5) 얼마나 귀여웠는지 알아요
   얼마나 아쉬웠는지 몰라요

동사 + ~고 보니(까)

**1.**
1) 타고 보니까
2) 쓰고 보니까
3) 만나고 보니까
4) 화를 내고 보니까
5) 듣고 보니까
6) 먹고 보니까
7) 부모가 되고 보니까

동사 + ~(으)ㄴ/는 김에

**1.**
1) 예매하는 김에

2) 참는 김에
3) 출장 간 김에
4) 끊는 김에
5) 가는 김에
6) 핸드폰을 바꾸는 김에
7) 근처에 온 김에

2.
1) 우연히 운 좋은 기회가 있어 하려던 일을 해 버린다는 말
2) 실패를 재충전의 기회로 생각하라는 뜻. 예를 들어 취업이나 시험 실패로 고민하는 친구에게 그 시간을 모처럼 생긴 휴가라고 생각하라고 말하고 싶을 때 씀.
3) 아무 관계도 없는 대상에게 화풀이하다가 오히려 손해를 본다는 말

### 읽기

1.
1) 시절
2) 갈등과
3) 교황청
4) 수상

2.
1) 사랑의 선교회는 빠른 속도로 뻗어나가서 여러 나라에 세워졌다
2) 마더 테레사는 심장병으로 입원하였으나 가난한 사람들을 생각하며 진통제를 먹지 않았다
3) 마더 테레사는 가난한 사람들을 위해서 평생을 살았다

### 쓰기

1) 말리셨지요
2) 의대
3) 롤모델이라고
4) 일생을 바친
5) 유일한
6) 개선할

### 읽어 봅시다

1. 규모 7.8의 대지진이 발생했다. 네팔뿐만 아니라 중국, 인도, 파키스탄, 방글라데시에서도 피해가 발생했다.

2.
1) 월드비전에 1억 원을 기부했다.
2) 네팔 어린이 돕기 바자회를 열어 2,500만 원을 기부했다.
3) 각각 3,000만 원을 기부했으며 소속사도 기부에 동참했다.
4) 10만 달러(약 1억 7백만 원)를 기부했을 뿐만 아니라 자신의 트위터에 유니세프(Unicef)의 구호 활동을 홍보하기도 했다.

3. 자유 응답

### 종합연습

1.
2) 독거노인 → 이재민
3) 감염되는 → 전염시키는
4) 고아원 → 양로원
5) 망설여하셨어요 → 뿌듯해하셨어요

2.
1) ②
2) ③
3) ①

## UNIT 06 교통

### 대화

1) 꼼짝도 못하다 / 꼼짝도 못하고
2) 혹시 / 혹시
3) 부딪히다 / 부딪혀서
4) 일단 / 일단
5) 근사하다 / 근사한데
6) 정체 / 정체가
7) 눈이 빠지다 / 눈이 빠지게

### 문형연습

동사 + ~는 바람에

1.
1) ㉹ : 여자 친구와 헤어지는 바람에 취하도록 마셨다.
2) ㉺ : 그 부부가 늘 싸우는 바람에 딸이 가출을 했다.
3) ㉴ : 동생이 늦게 들어오는 바람에 부모님이 걱정을 하셨다.
4) ㉠ : 교통 신호를 어기는 바람에 벌금을 물었다.

2.
1) 지각을 하다
   →버스를 잘못 타는 바람에 지각을 했다.
2) 분위기가 이상해지다
   →그가 너무 화를 내는 바람에 분위기가 이상해졌다.
3) 공기가 탁해지다
   →방에서 많은 사람들이 담배를 피우는 바람에 공기가 탁해졌다.
4) 나무가 부러지다
   →바람이 세게 부는 바람에 나무가 부러졌다.
5) 길이 얼어 버리다
   →눈이 오는 바람에 길이 얼어 버렸다.

동사 + ~(으)ㄹ걸 (그랬다)

1.
1) 모을걸 그랬어요
2) 만들걸 그랬어요
3) 화를 내지 말걸 그랬어요

2.
1) 가지 말걸 그랬어요
2  돈을 좀 아껴 쓸걸 그랬어요
3) 빨리 갈걸 그랬다
4) 예방 주사를 맞힐걸 그랬어요
5) 조금만 마실걸 그랬어요
6) 달력에 써 놓을걸 그랬다

동사 + ~(으)ㄹ 지경이다

1.
1) 발소리만 들어도 알 지경이다
2) 가사를 모두 외울 지경이다
3) 화장실 가는 시간도 아까울 지경이다
4) 배가 등에 닿을 지경이다
5) 배꼽이 빠질 지경이다
6) 말이 안 나올 지경이다
7) 천장에 닿을 지경이다

2.
1) 목이 타들어 갈 지경이다
2) 그동안 연습한 것을 다 잊어버릴 지경이다
3) 아이가 연락이 안 돼서
4) 머리가 터질 지경이다
5) 그 문제에 대해 몇 번이나 물어봤는데도 답이 없어서
6) 배가 불러 죽을 지경이다

### 듣기 1

1.
1) ⓑ
2) ⓓ
3) ⓔ
4) ⓐ
5) ⓐ

2.
1) 연휴를
2) 정체가
3) 귀성
4) 귀경
5) 를 대상으로
6) 자가용을
7) 예상된다
8) 번갈아

9) 사흘

### 듣기 2

1.
1) ㉮
2) ㉯
3) ㉰
4) ㉱
5) ㉲
6) ㉳

### 쓰기

① 1월 19일부터 2주간 직장인 440명을 대상으로 '직장인 자출족 (자전거 출근족) 실태'에 대해 조사한 결과는 다음과 같습니다. 먼저 '평소 자전거를 타고 출근하는가'라는 질문에 '그렇다'는 응답이 30%, '아니다'는 응답이 70%였습니다.
② 우선 '운동이 되기 때문에'라는 응답이 53.84%로 1위였습니다. 그 다음으로 '교통비 절약을 위해서'가 35.62%, '주위를 둘러보며 생각할 시간을 가질 수 있어서'가 6.69%의 순이었습니다. 그 밖에 '대중교통을 이용하기에 애매한 거리라서'와 같은 기타 의견이 있었습니다. 이 결과를 통해 직장인 10명 중 3명 정도가 자전거로 출퇴근을 하고 있으며 가장 큰 이유는 운동에 대한 관심이라는 것을 알 수 있었습니다.

### 읽어 봅시다

1. 명절이 다가왔을 때 가사에 대한 부담이 큰 주부들이 느끼는 증상

2.
1) 원인은
2) 증가
3) 미만
4) 부족한
5) 장시간

### 종합연습

1.
1) 꼼짝도 못하고
2) 혼잡한
3) 나는 바람에
4) 부딪혀서
5) 승객
6) 정체
7) 죽을 지경이었어요
8) 있을걸 그랬어요

2.
1) 글씨를 반드시 써서 (반드시 × → 반듯이)
   반듯이 선생님께 칭찬을 받겠어요. (반듯이 × → 반드시)

2) 파전을 붙여서 (붙여서 × → 부쳐서)
   시키지 않고 (시키지 × → 식히지)
3) 쩍 벌이고 앉으면 (벌이고 × → 벌리고)
   다리가 절여서 (절여서 × → 저려서)


## UNIT 07 한글과 한국인의 사상

### 대화

1) 창제해서
2) 반포한
3) 공휴일로
4) 백성을
5) 세우려고

### 문형연습

> 형용사, 동사 + ~(으)므로
> 명사 + ~이므로

1.
1) 주택이 부족하므로
2) 불경기가 계속되므로
3) 전에 그 사람에게 신세를 졌으므로
4) 상승하므로
5) 중독되기 쉬우므로
6) 대표이므로

2.
1) 우수하므로
2) 지역이므로
3) 방해가 되므로
4) 나쁘므로
5) 인기 상품이므로

> 형용사, 동사 + ~(으)ㄹ세라
> 명사 + ~일세라

1.
1) 엄마랑 떨어질세라
2) 미끄러질세라
3) 지각할세라
4) 불면 날아갈세라 쥐면 꺼질세라 곱게 키우셨나 봐요
5) 이에 질세라

> 동사 + ~(으)리라는

1.
1) 아이가 돌아오리라는
2) 우승하리라는
3) 최고가 될 수 있으리라는

4) 상승하리라는
5) 감소하리라는
6) 높아지리라는

### 읽기

1.
1) 입술
2) 치아(이)
3) 입천장
4) 혀
5) 목구멍

2.
1) 훈민정음
2) 겪고 있는
3) 표의 문자이므로
4) 표음 문자이므로
5) 발음 기관
6) 소수 민족

3.
1) 바, 아
2) 나, 마
3) 라, 자
4) 가, 다, 사

### 읽어 봅시다

1. ③

2. ①

### 종합연습

1.
1) 창제
2) 신분이
3) 권력을
4) 차별
5) 무너질세라
6) 제사를
7) 공경

2. ②


## UNIT 08 대중문화

### 대화

1.
1) 관객이
2) 역할을
3) 상영
4) 조연, 주인공으로
5) 감독은
6) 연기를

2.
1) 두 마리 토끼를 잡은
2) 가슴이 뻥 뚫렸어
3) 소문난 잔치에 먹을 거 없다는
4) 손에 땀을 쥐게 하는
5) 줄거리가 뻔해서

3. 자유 응답



형용사, 동사 + ~더라(고요)
명사 + ~(이)더라(고요)

1.
1) 덥더라고요
2) 좋더라고요
3) 제 동창이더라고요
4) 외국에 갔더라고요
5) 더 예쁘더라고요
6) 우리 아빠 친구 분이더라고요

2. 자유 응답

형용사, 동사 + ~(으)ㄴ/는 데다가
명사 + ~인 데다가

1.
1) 열이 나는 데다가
2) 똑똑한 데다가
3) 비가 오는 데다가
4) 과식한 데다가
5) 평일인 데다가
6) 지하철역에서 먼 데다가
7) 실력도 있는 데다가

2. 자유 응답

형용사, 동사 + ~았/었으면 하다
명사 + ~이었으면/였으면 하다

1.
1) 많이 땄으면 해요.
2) 합격했으면 해요.

3) 건강했으면 해요.
4) 세계 여행을 했으면 해요.

2.
1) ㉑ : 한국에서는 시험에 합격했으면 해서 시험 전에 머리나 손톱을 깎지 않고 미역국도 안 먹습니다.
2) ㉯ : 한국에서는 붉은색을 보고 나쁜 귀신이 도망갔으면 하는 의미로 동지에 팥죽을 먹습니다.
3) ㉮ : 소리를 듣고 귀신이 도망갔으면 하는 뜻으로 대보름에 부럼을 깨물어 먹습니다.
4) 자유 응답



1.
1) 출생의 비밀이
2) 사극은, 추가하는, 상상력이
3) 판매되면서, 수출액이
4) 배경으로
5) 계기가
6) 빈부 차이, 갈등을



1.
1) 특징 / 특징이다
2) 원작자 / 원작자가
3) 표절 / 표절을
4) 분야 / 분야
5) 강력하다 / 강력하
6) 불법적이다 / 불법적인
7) 제한하다 / 제한하



1. ④

2. 자유 응답



1) 감독이
2) 상영
3) 지루해지는 데다가
4) 재미있더라고요
5) 청취자
6) 각색
7) 원작으로
8) 제작
9) 나왔으면 해요